탈무드가 말하는 **가정**

변순복 교수의 탈무드 시리즈
Family in the Talmud

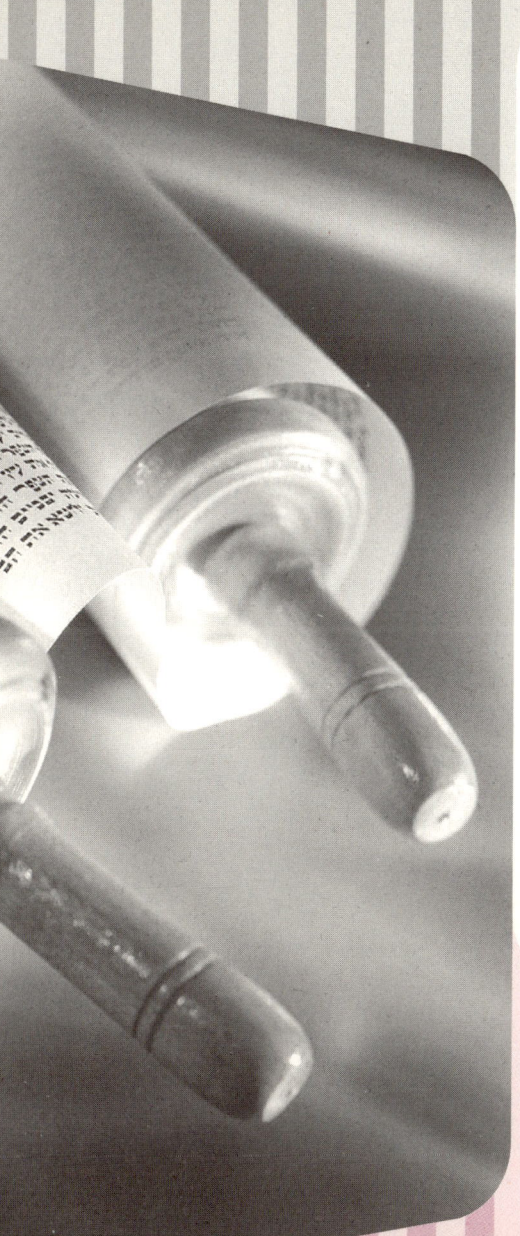

탈무드가 말하는 가정

가정은 하나님께서 남편과 아내를 연합하여 주시지 않으면 연합할 수 없습니다. 그러므로 하나님이 없는 가정은 가정이 아니라고 탈무드는 가르칩니다. 탈무드가 말하는 가정의 구성요소는 하나님, 어머니, 아버지 그리고 자녀입니다.

변 순 복

도서
출판 **대서**

탈무드가 말하는 가정

2009년 3월 16일 초판 1쇄 발행
2012년 4월 10일 초판 4쇄 발행

지은이 : 변순복
펴낸이 : 장대윤

펴낸곳 : 도서출판 대서
서울 서초구 방배동 981-56
Tel 583-0612
Fax 583-0543
daiseo1216@hanmail.net

등록 제22-2411호
ISBN 978-89-92619-12-7   03230

Copyright ⓒ 2009 변순복
책값은 뒤표지에 있습니다.

저작권법에 의하여 무단전재와 복제를 금합니다.
잘못된 책은 바꿔드립니다.

머리말

하나님께서 창조하신 가정은 사람이 태어나서 최초로 입학하는 학교입니다.
하나님께서는 그 학교에 부모님이라는 이름의 선생님을 예비해 주셨습니다.
선생님이신 부모님께서는 학생인 자녀들에게 종교의식과 전통을 통하여 하나님의 사람다움이 무엇인지 가르칩니다.
하나님 나라의 학문과 문화와 언어를 가르치는 곳이 가정입니다.
하나님을 믿는 신앙과 하나님 나라의 문화를 가진 가정은
    영영히 무너지지 않습니다.
    하늘의 별과 같이 빛납니다.

이러한 가정은 나라의 심장입니다. 가정이 무너지면 나라가 무너집니다.
그런데 현대 가정은 위기를 맞이하고 있습니다.
안타깝게도 가정은 무너져가고 있습니다.

이러한 즈음에 '탈무드가 말하는 가정'을 소개하기 원합니다.
작은 책자를 통하여 하나님께서 세우시기 원하시는 가정이 세움을 받는데 조금이나마 도움이 되기를 바랍니다.

각주에 소개된 탈무드의 본문이 속하여 있는 책들은 한눈에 볼 수 있는 도표와 아울러 각 책의 내용을 아주 간단하게 설명하여 부록으로 모아 두었습니다.

'탈무드가 말하는 가정'이라는 작은 책이 나올 수 있도록 도와주신 하나님께 감사드립니다.
그리고 출판을 맡아 주신 대서출판사 장대윤 사장님과 관계자 모든 분들에게 감사드립니다.
또한 히브리어 일점, 일획 하나하나 확인하며 교정하여 주신 이좌신 목사님께 감사드립니다.

방배골 연구실에서 **변순복**

목차

머리말 · 5

01 토라가 말하는 가정 · 13
가정은 사람이 태어나서 최초로 입학하는 학교이다 · 13
탈무드가 말하는 믿음의 가정 · 17
가정에서 부부는 평등하다 · 21

02 가정에서 아내, 어머니의 중요성 · 28
여인의 힘 · 28

03 토라가 말하는 여인의 길 · 38
여인의 길 · 38
여인은 아름다워야 한다 · 40
결혼 그리고 이혼 · 44
여인의 순수한 결혼 · 48
배우자 선택은 누가 하나? · 55
결혼하는 여인! 결혼의 목적 · 59
네 아내를 공경하라 · 65
일부다처제 · 72
악처 · 75
이혼은 가능한가? · 82

04 가정에 주신 하나님의 선물 : 자녀와 자녀교육 · 98
가정에게 허락하신 하나님의 아름다운 선물 · 98
바람직한 자녀사랑 · 112
가정에서 어떻게 교육하는가? · 115
탈무드가 말하는 네 부류의 학생 · 146
탈무드에서 발견되는 문제 한 가지 · 148

05 토라가 말하는 부모님을 향한 자녀의 의무 · 154
특별한 효도 · 154
우리의 어머니 아버지 · 159
부모님을 공경하는 것은 하나님의 복을 받는 비결 · 163
아스칼론에 사는 이방인 다마의 효도 · 169
효도는 부모님과 자녀의 마음의 관계 · 169
랍비들의 효도 · 172
탈무드가 가르치는 진정한 효도는 어떤 것입니까? · 175

부록 · 탈무드의 본문, 미쉬나의 구성체계

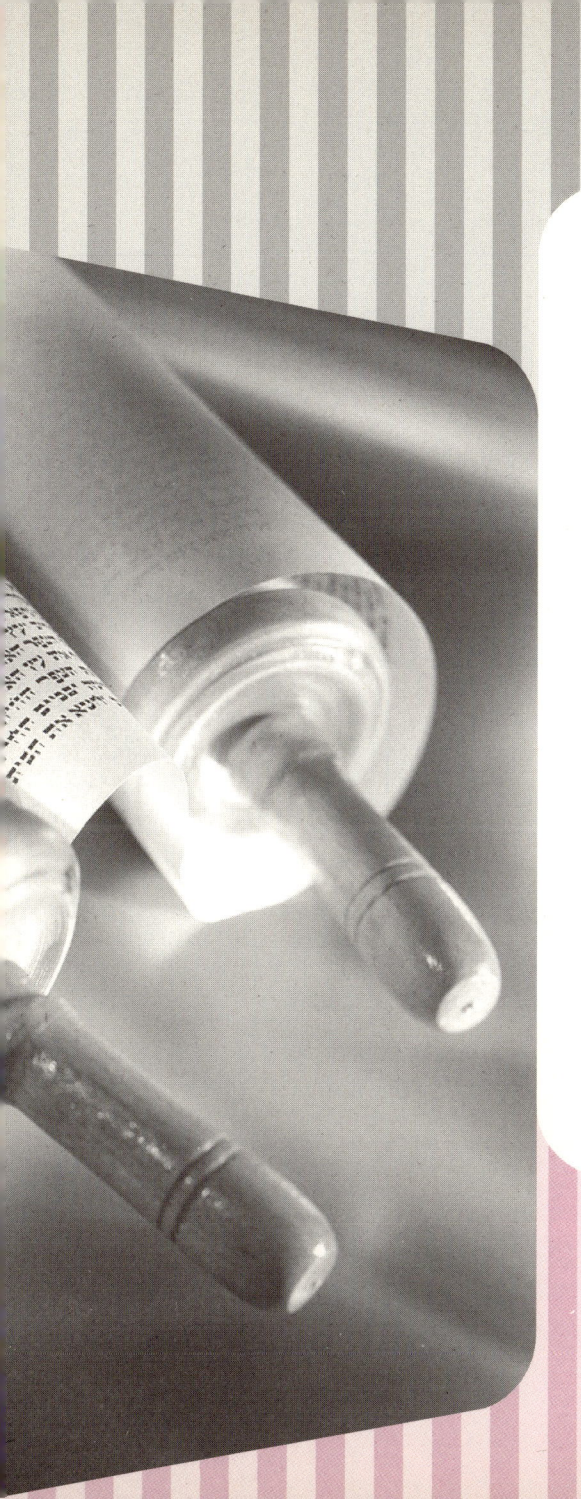

Family in the Talmud

01

토라가
말하는

가정

가정은 사람이 태어나서 최초로 입학하는 학교이다

 가정은 사람이 사람답게 살 수 있는 방법을 가르치는 최초의 교육기관이라고 탈무드는 가르치고 있습니다. 하나님께서 사람을 이 세상에 보내시면, 그 사람이 최초로 입학하는 학교가 가정이며, 최초로 만나는 선생님은 어머니와 아버지입니다.
 세상에 속한 사람들은 한 남자와 한 여자가 아버지 집을 떠나 결혼을 하면 새로운 가정이 탄생했다고 합니다. 그러나 탈무드는 가르치기를, 부부 가운데 남편이든 아내이든, 어느 한쪽이 하나님을 믿지 않으면 완전한 가정이 아니라고 말합니

다. 왜냐하면 하나님께서 한 남자와 한 여자가 연합하여 한 가정을 이루도록 허락하시지 않으면 가정은 바르게 세워질 수 없기 때문입니다.

특별히 남편과 아내라는 히브리어 단어를 살펴보면 그 의미는 더더욱 분명하게 드러납니다.

남편이라는 히브리어 단어는 이쉬(איש)이며 아내는 이샤 (אשה)입니다. 히브리어를 모르시더라도 문자를 주의 깊게 살펴보시기 바랍니다. 남편이라는 단어에서 가운데 문자 י를 제하고, 아내라는 단어에서 마지막 문자 ה를 제하면, 어떤 단어가 만들어 집니까?

남편이든 아내이든 남아 있는 문자는 אש로 똑같습니다. 에이쉬 אש는 '불' 이라는 단어입니다. 하나님께서 함께 하시지 않으면 '불' 과 같은 남편과 아내가 되어 서로를 불사르게 될 것입니다. 그러면 남편이라는 단어에서 제하여진 글자 י와 아내라는 단어에서 제하여진 글자 ה를 결합하면 야 יה 라는 단어가 만들어 집니다. 여러분은 이 단어의 의미를 아십니까? 히브리어를 조금이라도 공부하신 분은 놀라운 사실을 발견하실 수 있을 것입니다.

남편과 아내라는 단어에서 제하여진 문자를 결합하면 사람들이 하나님을 부를 때 사용하는 야הִ라는 단어가 만들어집니다. 하나님을 부르는 단어 야הִ, 즉 하나님께서 부부를 연합시켜 주어야 합니다. 하나님께서 남편과 아내를 연합하여 주시지 않으면 진정한 부부가 될 수 없습니다. 그러므로 하나님이 없는 가정은 가정이 아니라고 탈무드는 가르칩니다.

남자와 여자가 연합하였다고, 한 몸을 이루었다고해서 가정이 아니라는 것입니다. 하나님께서 두 사람을 결합시켜주서야 비로소 가정이 된다는 것입니다. 그러면 남편과 아내라는 단어에서 하나님이라는 단어가 제하여지고 남은 단어 אש는 어떤 의미를 가지는지 살펴보십시다.

하나님이라는 단어 הִ를 제하고 남아 있는 문자 אש는 남편이나 아내나 똑 같다고 하였습니다. 남아있는 단어 שא의 뜻은 불(火)이라는 단어입니다. 놀랍지 않습니까? 부부관계에서 부부의 결합을 온전하게 이루도록 만드시는 하나님이 없다면 서로서로를 태우는 불에 불과한 존재가 될 수밖에 없을 것입니다. 그러므로 하나님께서 함께하시지 않는 가정은 가정이 아니라 불꽃튀는 전쟁터입니다.

하나님께서 한 남자와 한 여자가 각자의 아버지 집을 떠나 연합하여 새로운 가정을 이루도록 만들어주셨습니다. 그러나 탈무드는 이때까지도 완전한 가정이 아니라고 말합니다. 자녀가 출생하여야 완전한 가정이 이루어진다고 합니다. 그러므로 탈무드가 말하는 가정의 구성요소는 하나님, 어머니, 아버지 그리고 자녀입니다.

탈무드가 말하는 믿음의 가정

일반적으로 믿음의 가정이라고 하면 어머니나 아버지가 믿음을 가진 가정을 말하거나, 자신은 믿지 않더라도 조상들이 섬기던 신앙의식이 어느 정도 남아 있는 가정을 말합니다.

아니면 가족 구성원 가운데 단 한사람이라도 어떤 신을 믿는 신앙을 가지고 있는 가정을 믿음의 가정이라고 하기도 합니다.

특별히 기독교 가정은 자신의 집이 기독교인의 집이라는 표시로 대문에 교패를 붙이는 것을 볼 수 있습니다. 그렇다면 교패가 붙어 있는 가정은 모든 식구들이 기독교인입니까? 그렇지 않은 가정도 있을 수 있습니다. 가정을 구성하고 있는 식구들 가운데 한 두 사람이 교회에 출석을 하면 교패를 붙여 주는 교회도 있는 줄 압니다.

그렇다면 탈무드가 말하는 믿음의 가정은 어떤 가정일까요? 탈무드는 믿음의 가정의 기준을 가지고 있습니다.

첫째, 모든 식구들이 같은 신을 경배의 대상으로 삼아 경배하여야 합니다.
가정을 구성하고 있는 식구들이 모두 한 신을 예배하여야 한다는 말입니다. 식구들 각자가 다른 신을 경배한다면 그 가정은 믿음의 가정이 아니라는 것입니다. 탈무드는 말하기를, 모든 식구들이 유일하신 하나님을 믿는 가정을 진정한 믿음의 가정이라고 합니다.

둘째, 모든 식구들이 경전을 공부하는 자리에 있어야 믿음의 가정이라고 합니다.

탈무드는 말하기를, 하나님의 말씀을 연구하지 않으면서 하나님을 믿는다고 말하는 것은 거짓 믿음이라고 합니다. 하나님의 말씀을 공부하지 않는다면 하나님께서 무엇을 요구하시는지? 어떻게 사는 것을 기뻐하시는지 모른다는 것입니다. 다시 말해서 성경을 공부하지 않으면 자기 마음대로 믿고, 자기 방식대로 살면서 하나님 뜻대로 산다고 말하고 있다는 것입니다. 경전을 공부하지 않는 사람은 믿는 사람이 아니라는 것입니다. 또한 모든 식구들이 함께 경전을 연구하지 않는다면 그 가정은 믿음의 가정이 아니라는 것입니다.

셋째, 모든 식구들이 기도하는 자리에 있어야 합니다.
믿음의 대상에게 기도하지 않는다면 그 사람은 믿는 사람이 아니라는 것입니다. 기도는 자신의 믿음의 대상을 찾아 만나는 비결이라고 탈무드는 말합니다. 탈무드는 말하기를, 하나님께 기도하지 않는다면 어찌 하나님께서 기뻐하시는 일을 찾아 이룰 수 있겠느냐고 질문합니다. 그리고 계속하여 말하기를, 기도는 자신의 뜻을 하나님의 뜻대로 바꾸는 것이며 하나님 앞에 자신을 바르게 세우는 방법이라고 탈무드는 가르칩니다.

탈무드는 이 세 가지 조건 가운데 단 한 가지라도 빠지면 그 가정은 믿음의 가정이 아니라고 말합니다. 하나님을 믿는 가정은 성경을 공부하는 가정이며, 성경을 공부하는 가정은 기도하는 가정이 될 수밖에 없다는 것입니다. 그리고 이 세 가지 기준은 서로 분리 될 수 없다는 것입니다.

기독교인의 가정도 모든 식구들이 한 하나님을 믿으며, 모든 식구들이 성경을 공부하는 자리에 있으며, 모든 식구들이 기도하는 자리에 있어야 하겠습니다. 그때, 말씀의 능력을 나타내는 가정이 되며, 하나님의 뜻을 이 땅위에서 이루어 드리는 가정이 되고, 이웃을 바른 길로 인도하는 등대와 같은 가정이 될 것입니다. 우리나라의 모든 가정들이 이와 같은 가정이 되는 그날이 속히 오기를 기원하며 기도하여야 합니다.

가정에서 부부는 평등하다

탈무드는 유대인의 가정생활과 사회생활에 관하여 자세한 가르침을 주고 있습니다.

가정에 대한 가장 기본적이고 근본적인 가르침은 가정의 순수성과 가정의 안정을 지키는 데 최선을 다하여야 한다는 것입니다. 가정이 무너지면 사회생활은 무너질 수밖에 없다는 것을 강조하면서 가정의 순수성과 안정은 어떤 환경에서도 지켜져야 한다고 가르칩니다.

가정에 불순물이 끼어들거나 가정이 흔들거린

다면 가정은 무너지기 시작하는 것이며 가정이 무너지면 나라는 저절로 무너질 수밖에 없다는 것이 탈무드의 가르침입니다.

이 순수성과 안정을 지키기 위하여 탈무드는 가정 안에서 여인이 갖는 중요한 역할을 인정하고 있으며 가장 고귀한 위치에서 기여하고 있음을 강조하여 가르칩니다.

특히 탈무드 안에 나타난 여인이 갖는 역할과 탈무드가 만들어질 무렵의 다른 민족들 안에 나타난 여인의 입장을 비교해 볼 때 여인의 위치와 명예는 놀라운 대조를 이루고 있는 것을 발견할 수 있습니다.

탈무드 안에 나타나는 여인의 위치와 역할은 남성보다 결코 열등한 존재로 생각되지 않습니다. 여인들의 활동범위 또한 남성의 경우와는 다르지만 여인이 사회적 혜택을 덜 받는 것은 결코 아닙니다.

탈무드를 읽어가다 보면 다음과 같은 구절을 발견할 수 있습니다.

남성은 매일 세 가지 감사기도를 드려야 합니다.
첫째는 하나님께서 나를 이스라엘 사람으로 만드신 것이며,
둘째는 하나님께서 나를 여인으로 만들지 않으신 것,
셋째는 하나님께서 나를 어리석은 자로 만들지 않은 것에 대하여(므나호트[1] 43b)[2] 감사기도를 하여야 합니다.

탈무드를 연구하는 사람들이 이 구절에 다다르

---

[1] 탈무드의 본문인 미쉬나를 여섯 부분으로 분류합니다. 므나호트는 다섯째 부분이며, 다섯째부분에 11권의 책이 포함되어 있는데, 그 가운데 두 번째 책이다.

[2] 유태인들이 기도할 때 사용하는 기도서를 읽어보면, 남자들이 하나님께 감사하는 기도를 하는 내용이 있다. 자신을 이방인으로 만드시지 않은 것에 대하여, 나를 노예로 만들지 않은 것에 대하여, 나를 여자로 만들지 않은 것에 대하여 하나님께 감사한다. 그리고 특별히 하나님께서 자신을 어리석은 사람으로 창조하지 않은 것에 대하여 감사한다. 왜냐하면 어리석은 사람은 죄를 두려워하지 않기 때문이다(아보트 2장 6절; 아보트는 탈무드의 본문인 미쉬나 네 번째 부분 9번째 책이다).

토라가 말하는 가정

게 되면, 많은 사람들이 오해하여 탈무드는 여인을 남성보다 열등한 존재로 무시하고 있다고 혹평하기도 합니다.

악의에 찬 탈무드 비평가들은, 이 구절이 바로 탈무드가 여인을 멸시하는 분명하고 뚜렷한 예문이라고 지적합니다. 그러나 위에 인용된 구절을 자세히 읽어보면, 탈무드가 이러한 말을 한 것에 대한 동기를 읽을 수 있습니다. 탈무드가 말하려고 하는 것은, 성경의 말씀을 수행할 수 있는 특권을 가지고 있다는 것에 대하여 감사하고 있다는 것을 쉽게 알 수 있습니다.

어떤 점에서는 남성의 책임이 여인보다 크다고 하는데 그 이유는 여인의 가정적인 책임이 어느 면으로는 종교적 의무로부터 여인을 해방시켜주기 때문입니다. 일반적으로 여인들에게 "여자이기에 반드시 해야 합니다"[3]라고 규정된 법은 없기 때문에 때로는 법에서 자유함을 누리기도 한다는

---

3) 여성에게 '너는 이러한 것을 하지 말라!' 또는 '너는 이러한 것을 하라!' 는 특별한 계명을 주지 않았다.

말입니다. 좀더 확대하여 해석한다면 여자는 특별한 경우에만 법을 지키게 된다는 말이기도 합니다 (키두신[4] 1:7).

예를 들면 초막절 절기를 지키는 7일 동안 초막에서 거하여야 한다거나 또는 성구함을 반드시 지니라는 계명은 여인에게 절대적인 명령은 아닙니다. 이러한 특별한 예를 제외하고 탈무드에 종교적인 책임이 부여되는 점에 있어서는 남녀의 차별이 없습니다.

"네가 백성 앞에서 세울 율례는 이러하니라." (출애굽기 21장 1절) 라는 성경의 말씀에서 보듯이 토라의 법에서는 '백성'이라고 표현하여 남녀가 평등함을 분명하게 밝혀주고 있습니다 (바바 카마[5] 15a).

토라(모세오경)에는 613가지[6] 법조문이 있습니다. 어떤 것은 여자에게만 적용되는 데 그 조항은 아주 적습니다. 반면에 남자에게만 적용되는 조항은

---

4) 미쉬나 세 번째 부분 7번째 책.
5) 미쉬나 네 번째 부분의 첫 번째 책.
6) 변순복. 시내산에서 들려오는 거룩한 음성 토라 하권, 대서, 부록 참조.

많습니다. 그러나 대부분은 남·여 모두에게 적용되는 규율입니다.

규율들을 자세히 살펴보면 남자에게 더 많은 의무가 주어짐을 알 수 있습니다. 왜냐하면 하나님께서 사람을 창조하실 때 남자와 여자를 구별하여 창조하셨는 데 남자는 여자를 보호할 의무까지 주셨습니다.

탈무드에서는 남자가 여자를 보호할 능력을 주신 것에 대하여 남자들이 감사해야 한다고 가르칩니다. 그리고 여자보다 더 많은 규칙을 실행할 의무와 능력이 있다는 것에 대하여 감사하여야 한다는 것입니다.

이처럼 탈무드의 구문은 사회생활에 필요한 원리들을 쉽게 이해하고 적용할 수 있도록 가르칩니다. 그러므로 부부는 구별됨 속에서 완전히 평등합니다. 하나님의 창조질서 안에서 완전한 평등을 누리는 부부가 되어야 합니다.

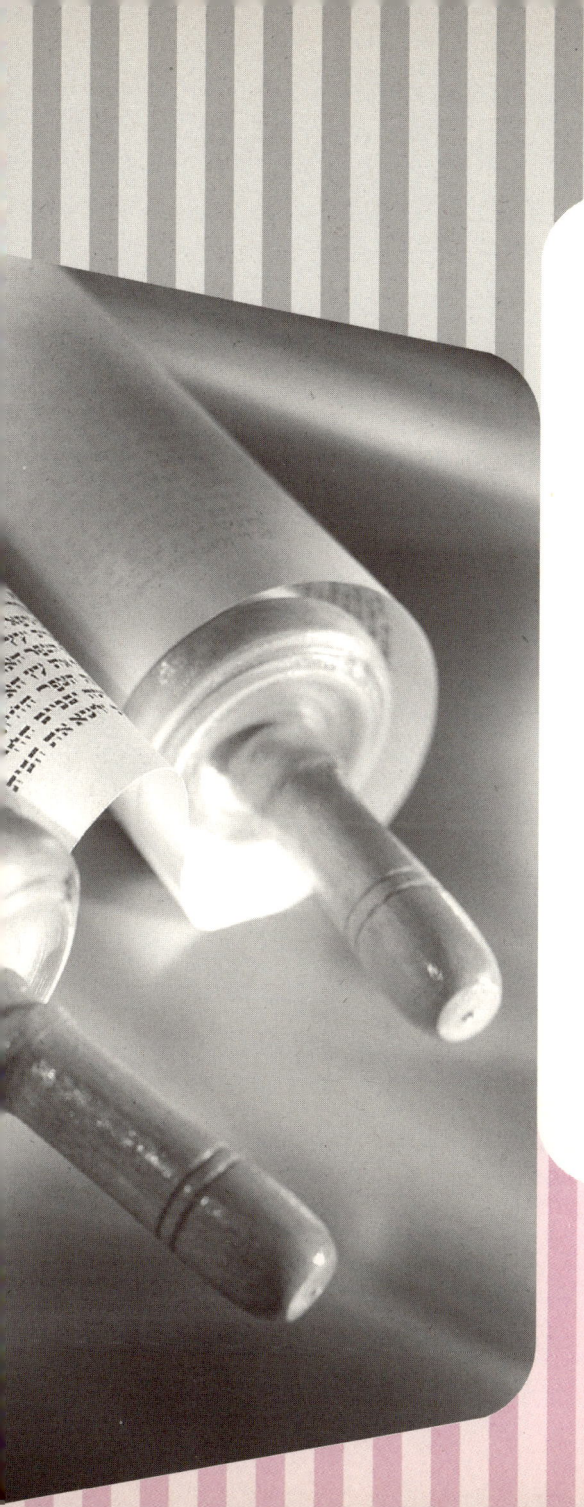

Family in the Talmud

02

가정에서의
아내,
어머니의
중요성

여인의 힘

여인이 그 남편이나 자녀들에게 지대한 영향력을 발휘하여 남편과 자녀들이 토라의 말씀을 연구하는 자리로 나가도록 하여야 합니다. 무엇보다도 남편과 자녀들이 진정하고 바른 지식을 얻을 수 있도록 토라를 배우는 자리로 인도하여야 합니다.

가정에서 아내가, 어머니가 남편과 자녀들이 토라를 배울 수 있도록 도와주며 격려하여 준다면 여인 자신은 일상생활의 얽매임 속에서 벗어날 수 있을 뿐만 아니라 찬사를 받음이 당연한 일이라고 탈무드는 말합니다.

"여인들이 무슨 일을 함으로 인하여 찬사를 받을 수 있습니까?
자녀들을 회당에 보내어 토라를 배우게 하는 것입니다.
남편들을 랍비 학교에서 공부하게 하는 것입니다."

이 세상에 많은 부부들이 행복하게 살아가고 있습니다. 아내가 남편의 영향을 받습니까? 아니면 남편이 아내의 영향을 받습니까? 대부분의 가정에서 종교적인 문제를 제외한 거의 모든 문제에서 남편이 아내의 영향을 받습니다. 아내가 남편의 인생에 결정적인 영향을 준다는 사실을 가르쳐 주는 이야기가 있습니다.

신앙심이 돈독한 남성과 신앙심이 신실한 여인이 결혼했습니다. 가정을 이루어 10년의 세월 동안 행복하게 살아왔는데 불행하게도 아내가 임신을 하지 못합니다(유대인 법에는 결혼한 후 10년이 지날 때까지 자녀를 출산하지 못하면 이혼할 수 있습니다). 자녀를 출산하지 못하므로 이혼을 하게 되었습니다. 그 후 남자는 새로운 여인을 만나 결혼하였습니다. 불행하게도 새로운 아내는 신앙심이 없을 뿐만 아니라 사악한 여인이었습니다. 그의 새 아내는 남편을 자기와 같은 사악한 사람으로 만들었습니다.

반면에 자녀를 출산하지 못하여 이혼했던 신앙심이 돈독한 아내도 새로운 남자를 만나 결혼을 하게 되었습니다. 불행하게도 이 여인의 새로운 남편 또한 신앙심이 없을 뿐만 아니라 아주 사악한 남성이었습니다. 세월이 흐르면서 사악한 남편은 아내를 닮아 신실하고 의로운 사람이 되었습니다. 두 여자는 변함이 없었는데, 남편들은 반대로 변하였습니다. 이것이 여인의 힘입니다.

아주 짧고 단순하고 평범한 이야기에 불과하지만 큰 교훈을 담고 있습니다. 여인의 영향력이 얼마나 큰지 잘 가르쳐 주는 이야기입니다(창세기 라바 17:7 - 창세기 라바는 유태인의 창세기 주석입니다).

여인에게 찬사를 보내는 또 다른 하나의 이야기

가 있습니다.

이방인 통치자[7] 한 사람이 랍비 가말리엘을 찾아와 말하였습니다.

"당신이 믿는 창조주 하나님은 도둑이었나 봅니다. 왜냐하면 여호와 하나님이 아담을 깊이 잠들게 하시니 그는 깊이 잠들었습니다. 바로 그 때, 아담이 깊은 잠에 빠졌을 때 하나님은 아담의 갈빗대 하나를 취하였다고 기록하고 있지 않습니까?" (창세기 2:21).

신앙심이 돈독한 랍비 가말리엘의 딸이 우연히 이 이야기를 듣게 되었습니다. 그 딸은 아버지에게 부탁하였습니다.

"아버지 제가 대답하도록 허락 하여 주세요."

---

7) 다른 본문에서는 '이교도'가 찾아 왔다고 합니다. 그러나 딸이 수사관을 붙여달라고 말하는 것을 보면 관리자임에는 틀림없습니다.

아버지 랍비 가말리엘이 딸에게 말하였습니다.
"내 딸아 그렇게 하라! 공손하게 말씀드리도록 하라!"

딸이 그 통치자에게 말하였습니다.

"왕이여 제게 억울한 사건이 있습니다. 저의 억울한 사건을 해결해 줄 수 있도록 수사관을 붙여 주십시오. 왕께서는 그리하실 수 있는 권세가 있지 않습니까?"

통치자가 랍비의 딸에게 말하였습니다.

"무슨 일이 있었기에 그리 억울하냐? 딸아, 말하라! 내가 듣고 해결해주마."

딸이 왕에게 대답하였습니다.

"지난밤에 제 방에 도둑이 들어와서 은으로 된 항아리를 훔쳐가고 그 자리에 금 항아리를 남겨놓고 갔습니다. 그 도둑을 잡아주세요. 그리고 벌하여주세요."

왕은 어이없다는 듯이 웃으며 말합니다.

"딸아 그런 도둑을 잡을 필요가 있느냐? 은 항아리보다 금 항아리가 더 좋은 항아리 아니냐? 딸아 그런 도둑이라면 우리 집에 매일 방문하면 얼마나 좋을까! 만일 그런 도둑이 나의 방에 들어온다면 나는 나의 방문을 열어놓고 기다리겠구나! 딸아 그런 도둑을 잡을 필요가 없지 않느냐?"

바로 그 순간 신앙심이 돈독한 랍비의 딸이 말하였습니다.

"그렇다면 갈빗대 하나를 잃어버리고 자신과 함께할 여인을 얻는 것이 최초의 인간인 아담에게 얼마나 좋은 일이었겠습니까?" (산헤드린[8] 39a).

---
[8] 미쉬나 네 번째 부분 네 번째 책입니다.

왕은 말합니다.

"그렇구나! 딸아 하나님은 언제나 더 좋은 것으로 채워주시는구나!"

"그렇습니다. 하나님께서는 언제나 인간에게 더 좋은 것으로 채워주시기를 원하십니다."

그런데 하나님께서는, 왜 하필이면 아담의 갈빗대로 여인을 만드셨습니까?
여러분은 그 이유를 생각해보셨습니까? 하나님은 여인을 창조하실 때, 무엇으로 창조하실까 생각하셨을 것입니다. 하나님께서 남자로부터 여자를 만드시기로 결정하신 다음 남자의 어느 부분을 취하여 여자를 만드실까 생각했습니다. 창세기 라바 18장 2절에 다음과 같이 기록하고 있습니다.

"하나님께서는 여인이 너무 교만하여 머리를 꼿꼿하게 세우지 않도록 머리로부터 만들지 않으시고, 너무 호기심이 많지 않도록 눈으로부터 만들지 않으시고, 몰래 엿듣지 않도록 귀로부터 만들지 않으셨고, 너무 말이 많지 않도록 입으로부터 만들지 않으셨고, 너무 질투심이 많지 않도록 가슴으로부터 만들지 않으셨고, 너무 욕심이 많지 않도록 손으로부터 만들지 않으셨고, 너무 쏘다니지 않도록 발로부터 만들지 않으시고, 육체의 감추어진 곳을 택하여 만드심으로 겸손하도록 만드셨습니다."

하지만 분명히 하나님의 이상은 실현되지 않은 것 같습니다. 왜냐하면 창조주께서 피하시기를 원하셨던 결점들이 우리가 만나는 여인에게 나타나기 때문입니다. 랍비들은 창세기 라바 45장 5절에서 다음과 같이 설명하고 있습니다.

"여인들에게는 탐욕, 나태, 질투 그리고 엿듣기 좋아하는 네 가지 속성이 있습니다. 또한 캐묻기 좋아하고 수다스럽습니다. 더욱이 수다스런 점에 대해서는 말하는 기술 열 가지가 하늘로부터 세상에 내려왔는데, 그중 아홉 개는 여인이 가져갔고 나머지 하나만 남성이 취하였습니다"라고 어떤 랍비는 비관적으로 말하였습니다(키두신 49b).

그러나 여인은 남자에게 큰 도움이며 영향력이며 남편과 자녀를 동시에 품을 수 있는 큰 가슴을 가진 우주의 어머니임에는 틀림이 없습니다.

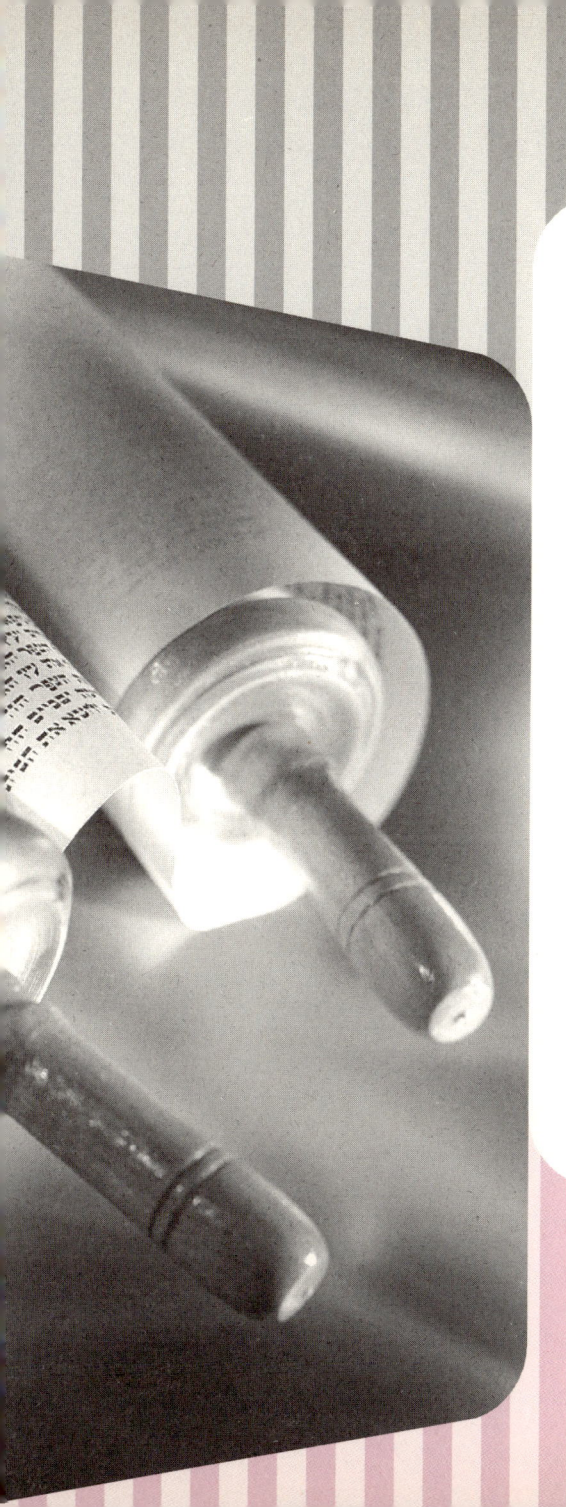

Family in the Talmud

03

토라가 말하는 여인의 길

여인의 길

이스라엘 격언에서 여인의 게으른 점에 관하여 말하고 있는 구문을 찾아서 읽어보면 "그녀가 졸고 있을 때에 광주리가 굴러 떨어진다(산헤드린 7a)"고 말하는가 하면 "가정에서 여인이 가만히 앉아 있으면서 게으름 피는 것은 여인의 도리가 아니다(커투보트 30a)"라는 반대 의견도 있습니다.

또한 여인의 지적 능력에 대해서 토론하는 부분을 읽어보면 "여인은 경솔하다(샤바트 9) 33b)'라고 하며, 여인은 가정에 남고 남성은 장터에 나가서

---

9) 미쉬나 두 번째 부분 첫 번째 책입니다.

타인으로부터 지혜를 배워야 한다(창세기 라바 53:1)"
는 말이 있습니다. 그러나 이와 반대되는 구문도
얼마든지 찾을 수 있습니다.

"하나님께서는 남성보다 여인에게 더 많은 지혜
를 주셨습니다(니다10) 45b) 또한 여인은 자신에 관한
분별이 있으며, 외적으로 나타나지 않을 때라도
자신의 계획을 잘 처리합니다. 여인은 말하면서도
물레를 돌립니다. 거위는 머리를 숙이고 거리를
걸어도 주위를 살피는 것(므길라11) 14b)처럼 말입니
다."

그리고 여인들의 마음은 다정다감합니다. 이 다
정다감한 마음은 "여인들에게 인정이 많다(므길라
14b)"는 것을 잘 가르쳐주고 있는 말입니다. 탈무
드는 여인은 여인의 길이 있다는 것을 알아야한다
고 합니다.

---

10) 미쉬나 여섯 번째 부분 7번째 책입니다.
11) 미쉬나 두 번째 부분의 10번째 책입니다.

여인은 아름다워야 한다

여인들은 자신을 꾸미는 액세서리에 대한 특별한 애정을 가지고 있습니다. 그러므로 동서양을 막론하고 여인들은 자신의 외모를 가꾸는데 관심이 많다는 것은 잘 알려진 사실입니다.

"여인이 가장 즐겨 찾는 것은 장신구입니다"(커투보트 65a).

"여인은 오직 아름다움에 대해서만 생각한다. 남성이 아내를 즐겁게 해주려면 아름다운 속옷을 사서 입혀주어라"(커투보트 59b).

현대 여인들의 화장술과는 비교도 안 되는 것들이지만 과거 여인들의 화장을 좀더 구체적으로 살펴보면, 눈썹을 그리고, 머리를 매만지고, 얼굴에 연지를 바르는 것이었습니다.

랍비 히스다의 아내는 자기 시어머니를 아름답게 가꾸어주곤 했습니다. 힌네나의 아들 랍비 후나는 어느 날 히스다와 같이 앉아 있다가 히스다의 아내가 시어머니를 아름답게 가꾸어 주는 것을 바라보면서 말하기를 "화장이란 늙은 여인이 아닌 젊은 여인에게만 허락되는 것이라네" 라고 하자 히스다가 대답하기를 "하나님은 자네 어머니나 할머니에게도 심지어는 죽음의 문턱에 있는 여인에게도 화장하는 것을 허용 하셨다네" 라고 하며 잠언의 말씀을 인용하여 말하였습니다. 그는 말하기를 60세의 여인도 6살 난 소녀처럼 탬버린 노랫소리로 달려간다네(모에드 카탄[12] 9b)라고 말하였습니다.

---

12) 미쉬나 두 번째 부분 11번째 책

여인에게 불리한 특징 한 가지가 있다면 그것은 신비한 것에 쉽게 미혹된다는 것입니다. 이것은 여러 민족의 현대 작가들에 의해서도 확인 되고 있는 사실입니다. 그런데 탈무드에서도 이와 유사한 비유를 읽을 수 있을 수 있습니다.

> "여인들은 무녀들에게 쉽게 미혹 받는다"(요마13) 83b).
> "여인들이 많이 모이면 모일수록 무녀도 많아진다. 왜냐하면 각자가 미혹되는 무녀가 있기 때문이다"(아보트 2:8).
> "대부분의 여인들은 무녀들에게 쉽게 영향을 받는다"(산헤드린 67a).

이와 같이 여인들이 쉽게 신들로부터 영향을 받을 수 있기 때문에 성경은 다음과 같이 말하고 있습니다.

---

13) 미수나 두 번째 부분 5번째 책

"너는 무녀를 살려두지 말지니라"(출 22:18; 개인 사역).

성경이 우리에게 가르치는 교훈은, 여인들이 이러한 기질을 가지고 있는데 이것을 억제할 수 없다면 큰 문제라는 것입니다. 이 기질을 억제하여야 하나님을 더 사랑할 수 있게 된다고 탈무드는 가르칩니다.

하와는 하나님의 말씀과 뱀의 말 사이에서 갈등하였을 것입니다. 누구의 말을 들을 것인가? 하와는 결국 뱀의 말에 미혹되어 하나님의 말씀을 버리고 말았습니다. 여인들은 신비한 것을 바라보면 남자들보다 더 쉽게 미혹을 받는 것이 사실입니다. 그러나 이 유혹을 이길 수 있어야 하나님을 볼 수 있습니다. 여인들이여 유혹을 물리치십시오! 일어나 하나님을 보십시오!

결혼 그리고 이혼

하나님께서는 사람을 남자와 여자로 창조하시고 아름다운 동산, 에덴에 살게 하셨습니다. 하나님은 그 동산 안에 있는 모든 것을 다스리는 권세와 아울러 모든 것을 누리며 살 수 있도록 큰 복을 주셨습니다. 특별히 "남자와 여자가 연합하여 가정을 이루고 생육하고 번성하여 땅에 충만하라!" (창 1:28) 하셨습니다. 탈무드는 성경의 이 말씀을 특별히 강조하여 가르치는 것을 볼 수 있습니다.

"결혼하지 않은 사람은 기쁨도 행복도 미덕도 없는

삶을 산다"(예바모트14) 62b).

"남자와 여자가 연합하지 않으면 완전한 의미의 사람이 아니다. 성경의 말씀대로 하나님께서 남자와 여자를 창조하셨고 그들이 창조되던 날에 그들에게 복을 주시고 그들의 이름을 사람이라 일컬으셨다(창 5:2)라고 말씀하신 것처럼 남자와 여자가 연합할 때 비로소 온전한 사람이 된다"(예바모트 63a)고 하였습니다. 그러므로 탈무드는 말합니다.

"아내는 가정을 의미한다. 이 말이 가르치려고 하는 의미는 '남편의 가정은 아내'라는 것이다"(요마 1:1).

랍비 요세이는 이 구절을 읽은 다음부터 "나는 아내를 아내라 부르지 않고 항상 '나의 가정'이라고 불렀다(샤바트 118b)"고 기록하고 있습니다. 랍비 요세이의 말은 현대 남성에게 잔잔한 감동을 준다고 생각합니다.

---

14) 미쉬나 세 번째 부분 첫 번째 책

특이하게도 탈무드 시대에는 조혼을 장려하였던 것처럼 보입니다. 남성에게는 18세가 되면 결혼하여야 한다고 하며 결혼을 하도록 권면하였습니다(아보트 5:24).

"자녀가 너희 품에 있을 때(16~22세 또는 18~24세15)) 결혼시키도록 하여라" (키두신 30a).

"복 주시는 하나님께서는 결혼할 사람을 20세가 될 때까지 지켜보시고 계시다가 그때까지 혼인을 성사시키지 않으면 그를 저주하신다" (키두신 29b)고 할 정도로 조혼을 장려하였습니다. 그러나 무분별한 결혼, 즉 한 남성이 아내를 보호하고 사랑할 위치에 이르지 못하였는데 결혼하는 것은 바람직하지 못하다고 하였습니다. 신명기 20장 5~7절 말씀을 근거로 하여, 탈무드는 "남성은 결혼하기 위하여 먼저 집을 마련하고 포도원을 가꾸고, 그 다음 결혼하는 것이 바람직한 순서이다"라고 가르칩니다(소타16) 44a).

---

15) 랍비들 사이에 두 가지 견해가 있다.
16) 미쉬나 세 번째 부분 5번째 책

인생에서 결혼은 아주 중요한 사건입니다. 특별히 아내를 취하는 일은 매우 중요한 일이기 때문에, 아내를 취하는 데 금전이 필요하다면 토라 두루마리를 팔 수 있다고까지 하였습니다. 토라 두루마리를 팔 수 있는 또 다른 한 가지 이유는 연구하는 일을 계속하기 위하여 팔 수 있다고 하였습니다.

그러나 탈무드는 가르치기를, 돈을 위하여 결혼하는 사람은 비난을 받아 마땅하다고 하였습니다. 그러므로 돈을 목적으로 아내를 맞이한 사람은 평판이 좋지 않은 자녀를 두게 될 것이라고 비난하였습니다(키두신 70a). 그리고 서로서로 사랑하는 감격이 없는 가운데, 다른 목적을 가지고 결혼한 부부는 자녀들의 성격 형성에 큰 영향을 준다고 탈무드는 가르치고 있습니다. 그런 가정에서는 자녀가 바르게 성장 할 수 없을 뿐만 아니라 성격 또한 바르게 형성되지 못할 것입니다.

여인의 순수한 결혼

탈무드는 결혼의 순수성에 관하여 강조하고 있는 구절을 쉽게 찾을 수 있습니다. 탈무드는 "누구든지 여자가 가지고 있는 재물을 보고 결혼하면 문제아 자녀를 얻으리라"(키두신 70a)고 하였습니다. 이 말은 순수한 사랑으로 결합한 결혼이 아닌, 다른 목적을 가지고 결혼하는 것은 부정한 결혼이라고 하여, 그러한 결혼은 하면 안 된다고 탈무드는 가르치고 있습니다.

탈무드는 계속하여 말하기를, 가정에서 부모의 사랑이 얼마나 중요한지를 가르쳐주었습니다. 행복한 가정에서, 사랑이 있는 가정에서 반듯한 자녀들이 자란다고 탈무드는 강조하여 가르치고 있습니다. 탈무드는 행복한 가정에서 자라는 딸을 위하여 남편감을 찾아주는 것이 부모님의 의무라고 가르칩니다(레위기 19:29).

"네 딸을 더럽혀 기생이 되게 말라"라는 말씀이 있는데, 이 말씀은 결혼 적령기의 딸에게 결혼을 주선하지 않는 아버지에게 하는 말씀입니다(산헤드린 76a).

결혼 적령기는 열두 번째 생일이 지난 다음, 바트 미쯔바(소녀 성인식)[17]를 거행한 때부터입니다. 아버지는 딸의 성인식을 거행하였지만 딸이 결혼할 때까지 보호하여야 합니다. 탈무드 법에 따르면, 부모는 딸이 미성년자이든지, 12세가 되어 성인식을 거행한 다음이라도 결혼에 대한 본인의 의사를 존중하여야한다고 합니다. 다시 말해서 딸이 부모님에게 찾아와 "누구누구와 결혼하고 싶습니다"

---

17) 소녀 성인식은 12세 때 하지만, 소년 성인식, 바르 미쯔바는 13세 때 합니다.

라고 하기 전에 강제로 결혼시켜서는 안 됩니다(키두신 41a). 아버지가 보시기에 놓치기 아까운 총각이 있어서 성인식을 하기도 전에 강제로 결혼을 시켰다면 그녀가 성인이 되었을 때, 그 결혼을 파기할 수 있습니다. 그리고 이러한 파혼은 혼인 무효이지 이혼이 아닙니다. 왜냐하면 자신의 의사 결정에 의한 결혼이 아니라 부모님이 강제로 시킨 결혼이었기 때문입니다.

결혼이란 하나님께서 짝을 지어주시는 것이며, 자신들이 태어나기도 전에 하늘에서 이미 짝이 지어져 있다고 유태인들은 확신합니다. 아이가 어머니 태에 자리 잡기 40일전에 바트 콜이 선언한다고 합니다.

"이 사람은 누구누구의 딸과 결혼할 것이다"(소타 2a).

결혼을 강제로 시키는 것은 하나님의 뜻을 거역하는 것이라고 생각하였습니다. 결혼 당사자를 보는 순간 자신의 배우자라는 느낌이 온다고 하였습니다. 그러므로 하나님께서 감동을 주는 사람과 결혼을 하여야하는 것입니다. 하나님께서 사람을 만드시기 전에 이미 짝을 지어 놓으셨다는 것입니다. 이러한 믿음을 반영하는 고전적인 이야기가 있습니다.

로마시대 어떤 로마 여인이 랍비를 찾아와 물었습니다.
"하나님은 며칠 동안에 우주를 창조하셨습니까?"
"6일 동안에 하셨습니다."
"그 후로 지금까지 하나님은 무엇을 하고 계십니까?"
"남녀 간에 짝을 맺어주고 계십니다."
"그것이 하나님의 일인가요? 그런 일이라면 나는 아주 쉽게 할 수 있습니다."
"저는 많은 남녀 노비를 지니고 있는데 나는 그들 모두를 단 시간에 짝을 지어 줄 수도 있습니다."
랍비는 말하였습니다.
"그렇습니까? 그러면 한번 시도해 보시지요? 결혼을 시키는 일이 당신 눈에는 아주 간단한 일 같지만 홍해를 가르는 일보다 더 어려운 일입니다."
여인은 고개를 갸우뚱하며 랍비의 방을 나갔습니다. 그녀는 어떻게 하였을까요? 그녀는 집으로 돌아가 그날 밤 천 명의 남녀 노비를 불러 모아 두 줄로 세워놓고 말하였습니다.
여러분 앞에 있는 사람이 여러분의 배우자입니다. 이 시간부터 부부가 되었으니 행복하게 살도록 하여라고 명령하여 모두 결혼시켰습니다.

다음날 아침 로마 여인은 그녀 앞에 서 있는 종들의 모습을 보고 놀라지 않을 수 없었습니다. 어떤 종은 이마가 깨어지고, 또 다른 종은 눈이 튀어나왔는가 하면, 다리가 부러진 종도 있었습니다. 아무 사고도 나지 않은 쌍은 찾아보기 힘들 정도였습니다. 여인은 의아해하며 물었습니다.
"어찌 된 일이냐? 도대체 무슨 일이냐?"
종들은 제각각 말합니다.
"나는 그 남자를 원하지 않아요."
"저 사람하고 살다가는 제 명을 다하기 전에 죽고

말 것입니다."
"저 사람 꼴도 보기 싫습니다."
"저 여인의 말 한마디도 듣기 싫습니다."
"저 남자와 한 마디의 말도 하기 싫습니다."

로마 여인은 어찌 이럴 수가 있는가? 불과 몇 시간 흘렀다고 이런 불상사가 있을 수 있단 말인가? 이틀만 지나면 모든 종들이 모두 죽고 말겠구나! 남자와 여자를 짝지어 주는 것이 홍해를 가르는 일보다 더 힘들다고 말한 랍비의 말은 진실이구나! 이 일보다 더 힘든 일은 없다고 생각하면서 여인은 랍비에게 사람을 보내 자신의 말을 전하도록 하였습니다.

"당신의 하나님 같은 신은 세상에 없습니다. 당신의 하나님의 말씀인 토라는 진실로 정확합니다. 당신이 제게 말씀해주신 모든 것이 분명하고 정확합니다"(창세기 라바 68:4).

주인은 종의 성격과 특성을 완전하게 모릅니다.

남녀 종들이 어떤 취향을 가졌는지, 그들의 속성을 전혀 알 수 없습니다. 그러나 하나님은 모든 것을 지으셨기 때문에 모든 피조물의 속성 또한 완전하게 아시고 계십니다. 그러므로 결혼하기 전에 기도하여 하나님께서 정하여놓으신 사람, 즉 나에게 정확하게 들어맞는 반대편을 찾아 결혼하여야 합니다. 볼트의 암수가 서로 반대이면서 정확하게 맞아야 하는 것처럼 부부라는 볼트는 정확하게 들어맞을 때 온전한 하나가 되는 것입니다. 그때 아름다운 가정, 행복한 가정, 하나님께서 기뻐하는 가정을 이룰 수 있습니다.

배우자 선택은 누가 하나?

탈무드는 남자가 자신의 다른 반쪽인 배우자를 선택할 때 완전한 자유를 가진다고 합니다. 다시 말해서 어느 누구도 남자에게 이 사람과 결혼하라고 강요할 수 없다는 것입니다. 자신의 선택이 가장 중요하다고 강조하면서, 탈무드는 아내를 선택할 때 이렇게 하면 좋을 것이라는 아름다운 충고를 줍니다.

한 가지 예를 들어 보면? 연령의 차이가 많이 나는 것은 좋지 않다고 합니다. 탈무드는 기록하고 있습니다.

"자기 딸을 늙은 남자와 결혼시키거나 젊은 아들에게 늙은 아내를 맞도록 하는 사람은 목마른 자에게 갈증을 더하는 사람처럼 하나님으로부터 용서받지 못하리라"(산헤드린 76b).

구약성경을 읽어보면 수혼 제도가 있었던 것을 알 수 있습니다. 형제가 여러 명 있는 가정에서 큰형이 결혼하였는데 불행하게도 자녀를 두지 못하고 죽고 말았습니다. 그때 동생은 형수를 맞이하여 형을 위하여 자녀를 생산하도록 하는 제도를 수혼 제도라고 합니다.

어느 가정에 장가든 형이 자녀가 없이 죽었습니다. 시동생이 형수를 맞이하여 형님 대신 자녀를 낳아 대를 이어가도록 하여야 하는데, 시동생은 형수가 싫어서 그렇게 하고 싶은 의사가 없습니다. 그때 성읍의 장로들이 동생을 불러 지시를 합니다. "네 형수에게 들어가 형의 대를 잇도록 하라!"(신 25:8 이하)

탈무드는 더 구체적으로 가르쳐 주는 것을 볼

수 있습니다. 장로들은 젊은 시동생을 불러 권면합니다.

"너는 어리고 너의 형수는 늙었거나, 또는 너의 마음에 그럴 의사가 없다면 그와 결혼할 이유가 무엇이냐? 가라! 자네 나이에 맞는 사람, 자네 마음에 흡족한 여인을 찾아 결혼하여 가정에 불화를 가져오지 않도록 하라!"(예바모트 101b).

또한 "배우자를 선택할 때 서두르지 말고 세심한 주의를 기울여야 한다"(예바모트 63a)고 탈무드 랍비들은 가르칩니다.

"결혼 후에 여자가 남자를 싫어하거나 또는 여자의 결점이 나타나 남자가 싫어하지 않도록 남자는 한 눈에 여자에 반하여 아내로 삼아서는 안 된다"(키두신 41a).

"그리고 외모로 판단하여서는 안 되지만 다음 사항을 고려하라! 자신이 키가 큰데, 키 큰 여인과 결혼하지 말라! 자녀의 키가 비정상적으로 클지 모르기 때문이다. 자신이 키가 작으면 키 작은 여인과 결혼하지 말라! 자녀가 난쟁이가 될지도 모른다. 자신의 피부색이 검은 사람은 피부색이 검은 여인과 결혼하지 말라! 자녀가 너무 검을지 모르기 때문이다"(버코로트18) 45b).

"너무 미인과 만나 결혼하지 말라 자녀가 너무 지나친 미인이 되면 안 된다. 또 아내를 선정하는 데 한 단계를 낮춰라! 왜냐하면 사회적 신분이 자기보다 높은 여인과 결혼하면 배우자나 배우자의 친지들로부터 멸시당할 우려가 있다."(예바모트 63a).

평생을 함께할 배우자를 선택할 때 신중해야 된다는 탈무드와 랍비들의 세심한 충고입니다. 한 사람을 배우자로 결정하기에 앞서, 하나님 앞에 기도하면서 하나님께서 나의 배필로 유일하게 창조한 사람인지 주의하여 보아야한다는 가르침입

---

18) 미쉬나 다섯 번째 부분 네 번째 책

니다.

결혼 후 후회 없는 삶, 행복한 삶을 살 수 있도록 최선을 다하라는 귀중한 가르침입니다.

결혼하는 여인! 결혼의 목적

　남자와 여자가 만나, 자신의 집을 떠나 연합을 이루는 것은 하나님께서 정하여 놓으신 창조의 질서입니다.

　하나님께서 창조하여 사람에게 허락하신 모든 것을 누리는 삶, 즐기는 삶, 나누는 삶을 통해 아름다운 공동체를 이루는 것이 바로 결혼입니다. 남자와 여자가 각자 자신의 가정을 떠나 결혼하여 연합을 이루는 공동체는 새로운 가정의 창조입니다.

　하나님께서 가정을 창조하실 때 복을 약속하시

고 창조하셨습니다. 하나님께서 약속하신 바로 그 복이 새로운 가정에도 임하게 되는 것입니다. 이 아름다운 복을 주시기 위하여 하나님께서는 새로운 가정에 토라(성경)를 가르칠 의무를 주셨습니다.

이러한 믿음을 가진 유태인 가정에서는 자녀들에게 토라를 가르치고 전통을 가르치는 것이 그들의 의무라고 합니다. 그러므로 유태인들에게 왜 결혼합니까? 결혼의 목적이 무엇입니까? 라고 질문하면, 자녀들이 하나님께서 허락한 복을 누리는 삶을 살 수 있도록 토라를 가르치기 위함이라고 합니다. 토라를 배워 진정한 하나님의 사람이 되며, 하나님의 뜻을 이 땅위에서 이루는 사람으로 세우는 것입니다. 그러므로 자녀들을 결혼시킬 때 학자의 집의 자녀들과 결혼시키기를 원합니다.

특별히 아들을 둔 가정에서는 학자의 집의 딸을 며느리로 맞이하기를 원합니다. 왜냐하면 결혼의 이상과 목적은, 하나님께서 말씀하신대로 생육하고 번성하는 것과 자녀들에게 하나님의 말씀인 성경을 가르치는 것입니다. 그러므로 탈무드에서 다음과 같은 이야기를 읽을 수 있습니다.

> "남자는 학식 있는 사람의 딸과 결혼하기 위해 자기의 모든 재산을 바쳐야 한다. 왜냐하면 그가 죽거나 추방당할 때 자기 자녀들이 교육받을 수 있다고 확신할 수 있기 때문이다.
> 무식한 사람의 딸과 결혼하지 않도록 하라. 죽거나 추방당할 때에 자식들이 무식해지기 때문이다. 남자는 학자의 딸과 결혼하기 위해 또는 자기 딸을 학자와 결혼시키기 위해 자기의 전 재산을 팔아야 한다. 이것은 동질의 포도원의 포도끼리 통합하는 것과 같이 훌륭한 일이며 받아들일 만하다.
> 그러나 아들을 무식한 사람의 딸과 결혼시키지 말라! 이것은 포도원의 포도와 덤불 속의 들 포도와 통합하는 것 같으며, 하나님 앞에서 추한 일이고 용납될 수 없는 일이다"(프싸힘 49a).

탈무드가 재삼 강조하는 결혼의 이상은 보통 사람들의 생각을 뛰어넘습니다. 결혼은 하나님 앞에서 신성한 연합이며 하나님의 보좌로 초대받는 것입니다. 유태인들이 일반적으로 사용하는 결혼이라는 단어는 '키두쉰' 입니다. 이 단어의 의미는 '신성', '구별', '거룩' 입니다. 이와 같이 유태인들은 '결혼' 을 신성한 것으로 생각합니다. 탈무드는 결혼이라는 단어를 이렇게 부르는 이유를 설명합니다.

> "결혼으로 연합한 남편과 아내는 자신의 배우자를 지성소에 바쳐진 제물처럼 세상으로부터 구별하여야 한다"(키두신 2b).

이것은 부부 서로간의 엄격한 순결을 암시하는 것입니다. 부부는 자신의 배우자가 하나님의 사람이라는 것을 잊어서는 안 됩니다. 하나님께서 나에게 허락하신 아름다운 분복입니다. 이 복을 누리는 장소가 가정이며 하나님께서 부부와 함께 계시는 장소가 바로 가정입니다. 이 가정에 불순물이 끼어드는 것을 하나님은 반대하십니다. 가정에 불순물이 끼어드는 것을 하나님께서는 기뻐하시지 않으시며 제거하기를 원하십니다.

 탈무드는 가정을 호박밭에 비유하여 가르치는데, 가정에 있는 불순물은 호박밭에 있는 벌레라고 합니다.

> "가정 속으로 들어 온 부도덕은 호박 밭에 들어온 벌레이다"(소타 3b).

> "그 부도덕은 호박에 달라붙어 호박을 갉아먹는 벌레이다. 남편이 호박밭에 있는 큰 호박이라면 아내는 어린호박이다"(소타 10a).

 신성한 가정에 불순물이 끼어들면 가정은 무너집니다. 하나님께서 세우신 가정, 복 받는 가정이 작은 벌레로 인하여 무너진다면 얼마나 안타까운 일입니까? 그러나 작은 것일수록 그것을 잡기가 어렵다는 사실을 기억하여야 합니다. 큰 것이라면 눈에 잘 띄기 때문에 쉽게 잡을 수 있습니다. 한여름 밤에 모기와 전쟁해보신 적이 있으십니까? 불을 끄고 잠을 자려는데 앵앵거리며 잠을 못 자게 만듭니다. 불을 켜고 잡으려하니 어디 보여야 잡지요.

하나님께서 세우신 가정에 작은 불순물이 끼지 않도록 조심하여야합니다. 작은 불순물이 가정을 파괴합니다. 그 불순물이 신성한 것을 불결하게, 행복을 불행으로 만듭니다.

하나님께서 우리 가정을 세워주신 목적을 바르게 알고 하나님의 뜻을 이루어드리는 행복한 가정을 만들어야합니다. 부부는 서로서로가 하나님께서 자신에게 허락한 유일한 남자요 유일한 여자라는 것을 알고, 자기의 반쪽인 배필을 행복하게 만드는 자리에 있어야 합니다.

하나님을 모신 가정은 천국의 모형이며, 천국의 가정을 이룬 부부는 하나님을 예배하는 예배자로,

하나님을 증거하는 선지자로, 하나님께서 맡기신 것을 다스리는 왕으로 사는 행복자입니다.

네 아내를 공경하라

탈무드의 현자는 다음과 같이 가르쳤습니다.

"남편과 아내가 서로서로 사랑하고 존경하고 섬기며 연합하면 '하나님의 임재'가 그들 가운데임하여 천국과 같은 가정을 이루며 부부는 하나님께서 함께하심을 느끼는 행복한 부부가 된다. 반대로 서로서로 미워하고 비난하고 섬겨주지 않으면 서로는 불길이 되어 상대를 태워버린다"(소타 17a).

우리는 앞에서 남편과 아내라는 단어를 히브리어로 어떻게 쓰는지 살펴보았습니다. 탈무드 학습 방법은 반복하는 것이라는 사실을 아실 것입니다. 남편과 아내를 가리키는 히브리어 단어를 다시 한 번 복습하겠습니다.

남편을 가리키는 히브리어 단어는 이쉬(איש)이며 아내를 가리키는 단어는 이샤(אשה)입니다. 이 두 단어에 공통으로 포함되어 있는 문자를 뽑아 다시 써 보면 에이쉬(אש)가 됩니다. 히브리어로 '에이쉬'는 '불'이라는 의미를 가진 단어입니다. 남편과 아내라는 단어에서 불이라는 의미를 가진 공통된 문자를 제하면 한 문자씩 남습니다. 남편이라는 단어에서 남은 문자 요드(י)와 아내라는 단어에서 남은 문자 헤이(ה)를 연합하면 야(יה)라는 단어가 됩니다. '야'라는 단어는 하나님을 의미하는 단어로 사용합니다.

신기하고 놀랍지 않습니까? 남편과 아내가 되려면 하나님께서 연결시켜주어야 한다는 사실입니다. 하나님께서 그들 가운데 계셔야 한다는 것입니다. 그렇지 않으면 그들 두 사람은 불이 되어 서로서로를 태우고 만다는 것입니다. 하나님께서 함께하시지 않는 부부는 행복할 수 없다는 것입니다. 하나님의 임재가 없는 가정은 지옥과 같습니다. 부부 사이에 하나님이 함께하시지 않으면 불만 남게 되어 불같이 싸우는데, 하나님이 부부사이를 연결시켜주면 온전한 '남(男)'과 '여(女)'가 되어 온전한 연합을 이루게 됩니다. 이때는 아내는 가정을 따뜻하게 만들어 주는 난로불이 되며 남편은 가정을 지키고 보호하며 감싸는 불기둥의 불이 되는 것입니다.

탈무드는 행복한 가정생활의 규범에 관한 말씀을 많이 가르치고 있습니다.

탈무드의 한 구절을 읽어보면 "아내를 자신처럼 사랑하고, 자신보다 더 존중하며, 자녀들을 올바른 길로 인도하고, 결혼적령기에는 곧바로 결혼을 주선해 주는 사람을 가리켜 "네가 네 장막의 평안함을 알고"(욥 5:24)라고 기록(예바모트 62b)" 하고 있습니다.

또 다른 구절을 읽어보면 "너의 아내를 공경하라. 그럼으로써 네 자신이 풍요롭게 된다. 마땅히 아내를 공경하도록 주의하여야 한다. 왜냐하면 아내를 공경하지 않는 가정은 축복이 없기 때문이다"(바바 므찌아19) 59a)라고 기록하고 있습니다.

아내를 공경하므로 남편이 풍요로워진다는 것입니다. 아내가 행복할 때 남편은 더 많은 것을 얻을 수 있기 때문에 더 풍성하게 된다는 말씀입니다.

아내가 남편으로 인하여 불행을 느끼는 순간 남편은 모든 것을 잃어버리게 된다는 것입니다. 하나님께서 허락하신 배필을 자신의 반대편 반쪽으로 본다면 귀하게 여기게 될 것입니다. 그때 그 가정은 행복을 누리는 가정이 됩니다. 남편은 아내를 귀하게 여기고 공경하여야 합니다. 다음 구절을 읽어보세요.

---

19) 미쉬나 본문 네 번째 부분 두 번째 책

"남성은 자신을 위한 음식이나 의복에 보다 적은 비용을 들이고 아내와 자식들의 공경에 돈을 써야 한다. 그(남편)가 우주를 창조하신 하나님께 의존하듯이 아내와 자식들은 그(남편)에게 의존하기 때문이다"(훌린20) 84b).

남편은 아내와 자식들이 행복하게 살 수 있는 환경을 만들어주어야 합니다. 하나님께서는 남편에게 그렇게 할 수 있는 능력을 주셨습니다. 그러나 그러한 능력이 최대의 능력으로 나타나려면 아내의 절대적인 도움이 필요합니다. 그러므로 부부는 인생의 동반자요 동역자이며 연합을 이룬 한 몸이라고 성경은 가르칩니다.

성경 잠언의 말씀을 읽어보면 "너의 아내의 키가 작거든 허리를 굽혀 그녀에게 속삭이라!"(바바 므찌아 59a)라며 남편은 자기 문제를 아내와 상의하기에는 자신이 너무 우월하다고 생각해서는 안 된다

---

20) 미쉬나 본문 다섯 번째 부분 세 번째 책

고 하였습니다. 그러나 동시에 이와 반대되는 말씀도 읽을 수 있습니다.

"아내의 충고만 의지하는 사람은 누구든지 지옥으로 떨어진다."

탈무드는 이 성경 말씀을 해석하면서 이러한 상황은, 아내 이사벨의 충고를 따라서 신세를 망친 아합의 특별한 경우라고 하였습니다. 하나님을 의지하지 않는 아내는 남편을 망칠 수 있습니다. 그러나 하나님을 신뢰하는 부부는 아내의 충고만 의지하는 것이 아니며, 아내도 자기의 주장만을 고집하는 아내가 아니라, 아내와 남편이 한 몸, 한 생각, 한 영, 한 뜻이 되어야 한다는 가르침입니다.

탈무드가 수집되어지고 편집되던 탈무드 초기, 제2성전이 아직 존재하고 있던 때에는 결혼이 로맨스에 의해서 이루어지지 않았던 것으로 보입니다. 우리에게 이러한 가르침을 암시하는 정보가 있습니다.

"이스라엘인들은 아브[21](5)월 15일[22]과 속죄일(티슈리월[23] 10일)을 가장 기뻐하며 즐거워합니다. 이 날, 이스라엘 젊은이들은 흰옷을 빌려입고[24] 나갑니다. 예루살렘의 딸들은 포도원으로 나가서 춤을 추며 "젊은 분이여, 눈을 들고 아내로 선택할 사람을 찾으시오. 아름다움보다는 가문을 신경을 써 주세요"라고 외친다"(타아니트[25] 4:8).

남성의 강렬한 사랑은 첫 번째 부인에게 집중됩니다. 그러므로 "첫 번째 부인이 남편보다 먼저 하나님의 부름을 받아 조상에게로 돌아가면, 남편은 성전이 무너진 것과 같은 상실감을 느낀다. 그러

---

21) 성경은 두 가지 달력을 말합니다. 민간력과 종교력입니다. 출애굽기 12장을 읽어 보시면 하나님께서 한 달을 가리켜, 이제 이 달(니싼월, 7월)을 해의 첫 번째 달이 되게 하라고 말씀하십니다. 이전까지 사용하던 달력을 민간행정력이라고 부르며, 새롭게 만들어진 달력을 종교력이라고 합니다. 아브월은 민간력 11월이며, 종교력 5월입니다.
22) 이날은 베냐민 지파와 다른 지파들이 화해한 것을 기념하는 기념일입니다.(사사기 21장 참고)
23) 민간력 1월이며 종교력 7월입니다.
24) 왜냐하면 자기 자신의 옷을 가지고 있지 않은 사람이 수치를 당하기 때문에 수치를 당하지 않도록 하기 위하여 빌려 입는 것입니다.
25) 미쉬나 본문 두 번째 부분 9번째 책.

므로 남편보다 부인이 먼저 죽으면 그가 사는 세상은 어두움과 같다"(산헤드린 22a)는 것입니다.

남자가 본 부인과 사별한 후에 재혼하게 되었다면 첫 번째 부인의 행적을 기억하여야 합니다(버라코트[26] 32b). 그렇다고 두 번째 부인을 무시하라고 말하는 것은 아닙니다. 첫 번째 부인의 소중함을 알라는 것입니다.

---

[26] 미쉬나 첫 번째 부분 첫 번째 책.

일부다처제

성경이 일부다처제를 묵인하고 지나가는 것처럼 탈무드 또한 일부다처제를 묵인하지만 권장하지는 않습니다. 일부다처제에 관한 규칙을 고대 근동의 여러 가지 문헌에서 발견할 수 있습니다. 어떤 권위 있는 선생님의 가르침을 한 구절 읽어 보도록 하겠습니다.

"남자는 자기가 기뻐하는 대로 아내를 둘 수 있다" (예바오트 65a).

"그러나 네 명 이상의 부인을 둘 수 없다"(예바오트 44a).[27]

---

27) 이것은 또한 이슬람교의 견해이기도 합니다(코란 4:3).

조금 다른 견해를 가진 사람도 있습니다.

"아내를 둔 남자가 새로운 아내를 더 얻고자 할 때 본 부인이 원한다면, 새로운 아내를 맞이하기 전에 이혼하는 절차를 먼저 거쳐야 한다"(예바오르 65a).

그러나 제사장에 대하여서는 엄격한 규칙을 적용하는 것을 볼 수 있습니다.

"대 제사장은 오직 한 명의 아내를 두어야 한다" (요마 13a).

종교 지도자를 제외한 일반인들 간에는 일부다처제가 실행되고 있었으나 랍비들이 그렇게 해도 된다고 허락하지는 않았다고 합니다. 단지 일반인들이 여러 명의 부인을 두는 것에 대하여 벌하거나 책망하지 않았다는 것뿐이지 허락한 것은 아니라는 것입니다. 오히려 일부다처제가 일반인들에게까지도 혐오의 대상이 됐다는 기록도 있습니다.

"랍비 유다의 아들, 요하난이 공부하기 위해 아내와 12년 헤어져 살았다. 그가 돌아왔을 때 그의 아내는 임태할 수 없었다. 이 슬픈 소식을 들은 랍비 유다는 어떻게 해야 할지 고민하였다.

'이혼을 시키자니 신실한 부인이 헛되게 오랜 세월 기다렸다고 할 것이고, 새로운 아내를 맞이해주자니 한 여인은 아내요, 다른 한 여인은 창녀라고 말할 텐데!' 경건한 가정은 이러한 문제를 가지고 고민하였다. 랍비 유다의 가정도 예외는 아니었다. 그래서 랍비는 며느리를 위하여 기도하기 시작하였다. 하나님께서 그 기도를 들으시고 며느리의 불임증을 치료하여 주셨다. 마침내 랍비 유다는 손자를 얻을 수 있었다"(커투보트 62b).

악처

남녀가 결혼 전에 서로 교재하며 많이 기도하였음에도 불구하고 결혼하고 난 다음 후회하는 경우도 종종 있습니다. 대부분이 상대방에 대한 실망에서 비롯됩니다. 그래서 팔레스타인에는 상대방의 아내에 대해 물을 때 종종 이렇게 묻곤 합니다.

"너의 아내는 마짜(מצא)냐? 모쩨(מוצא)냐?"

무슨 뜻입니까? 이 구문의 의미를 알려주는 성경 구절이 있습니다. 잠언 18장 22절과 전도서 7장 26절을 차례로 읽어보겠습니다.

"아내를 얻는 자는 복을 얻고(마짜) 여호와께 은총을 받는 자니라"(잠 18:22)

"……여인은 사망보다 독한 자(모쩨)라 하나님을 기뻐하는 자는 저를 피하려니와 죄인은 저에게 잡히리로다"(전 7:26)

진실한 신앙인을 얻은 자는 복(마짜)을 얻습니다. 그러나 악한 여인을 얻는 자는 독(모쩨)을 찾은 것입니다.

결혼은 일생에서 아주 중요한 사건입니다. 부모와 당사자가 모두 하나님께 최선을 다하여 기도하여야 합니다. 여러분의 배우자가 마짜입니까? 모쩨입니까?

결혼하여 아내를 얻었다고 항상 좋은 결과만 있습니까? 그렇지 않을 수도 있다는 것입니다. 다음과 같은 구절을 읽을 때, 모든 아내가 완전하지 않다는 것을 알 수 있습니다.

"악한 부인을 둔 남자는 결코 지옥에 가지 않는다"
(에루빈28) 41b). 29)

"아내의 다스림을 받는 남편의 인생은 참된 인생이 아니다"(베짜30) 32b).

"아내의 지배를 받고 우는 사람에게 관심을 두는 사람은 아무도 없다"(바바 므찌아 75b).

탈무드의 법에서는 남편이 이혼하려는 마음만 먹으면 어렵지 않게 이혼할 수 있습니다. 이혼할 수 있는 근거를 가르치는 구문을 찾아 읽어 보십시다.

"악처는 남편에게는 문둥병과 같다. 어떻게 치료할 수 있을까? 그녀와 이혼하라 그러면 나을 것이

---

28) 미쉬나 두 번째 부분 두 번째 책.
29) 왜 악한 부인을 둔 사람은 지옥에 가지 않습니까? 그들은 이 세상에서 악한 아내에게 시달리는 고통이 지옥의 고통과 같은 것을 깨달았기 때문에 회개할 수 있어서라고 합니다.
30) 미쉬나 두 번째 부분 7번째 책.

다. 문둥병을 치료하려면 이혼할 수 있다"(예바모트 63b).

나쁜 아내와 사는 남자는 이혼할 수 있다는 가르침입니다. 이혼하는 것이 정당하다는 주장도 있습니다.

> "아내가 악처라면 그녀와 이혼하는 것은 종교적인 의무이다"(예바모트 63b).

주전 역사에서 주후 역사로 바뀌는 역사적인 순간을 거치는 시기에 샴마이 학파와 힐렐 학파 사이에 이혼에 관한 논쟁한 일이 있었습니다. 성경 신명기 24장 1절 말씀에 대한 해석의 차이가 그들 사이를 벌려 놓았습니다.

> "사람이 아내를 취하여 데려온 후에 수치 되는 일이 그에게 있음을 발견하고 그를 기뻐하지 아니하거든 이혼 증서를 써서 그 손에 주고 그를 자기 집에서 내어 보낼 것이요.31)

이 구절에서 문제는 '수치 되는 일'입니다. 수치 되는 일이 무엇이냐는 것입니다. 샴마이 학파는 문자 그대로 해석하여야 한다고 주장하였습니다.

그들은 한글로 '수치스러운 일'이라 번역된 구문은 문자적으로 '벌거벗은 일'을 의미하기 때문에 아내가 다른 남자와 부정한 관계를 가지지 않는 한 이혼할 수 없다고 말합니다.

샴마이 학파는 아내가 다른 남자와 함께 벌거벗는 일을 하는 것을 제외하고는 이혼 할 수 없다고 주장하였습니다. 반면에 힐렐 학파에서는 좀더 확대하여 해석하였습니다.

그들은 '수치스러운 일'을 '거슬리는 것'으로 의역하여 해석했습니다. 아내가 요리하다가 실수로 음식을 망쳐도 남편에게 거슬리는 일이었습니다. 즉, 이것도 이혼사유가 될 수 있습니다. 아주

---

31) 마태복음 19장 9절에도 같은 내용이 나옵니다.

하찮은 일이라도 남편이 생각하기를, 이것은 나에게 거슬리는 일이라고 생각되면 거슬리는 것입니다. 그 일로 인하여 얼마든지 이혼할 수 있었습니다. 그런데 아키바는 아주 놀라운 주장을 합니다.

> "남편이 자기 아내보다 더 아름다운 여인을 발견하게 되면 그 아름다운 여인 때문에 그의 아내는 그 남편에게 거슬리는 일을 한 것이라고 하여 이혼할 수 있었다"(기틴 9:10).

힐렐 학파의 견해에 따르면 남자는 마음만 먹으면 이혼할 수 있는 것처럼 보입니다. 그러나 불행하게도 유태인들은 힐렐 학파의 해석을 받아들였습니다.

역사학자 요세푸스 또한 힐렐의 주장을 따르고 있습니다. 랍비 아키바는 '그녀가 그의 눈 밖에 나면'이라는 구문을 해석하기를 남편이 자기 아내보다 더 아름다운 여인을 보았을 때도 적용된다고 하였습니다.

남편이 자기 아내보다 더 예쁜 여인을 만나게

되면, 아내는 눈 밖에 날 수 있다는 것입니다. 이때 남편은 눈 밖에 난 아내에게 이혼증서를 써 주어서 내보낼 수 있습니다.

정말 안타깝게도 그 당시 유태인들은 폭넓게 해석하는 힐렐 학파의 견해를 받아들여 법률을 제정하였습니다. 그러나 실제적인 유태인의 삶에서는 이혼을 쉽게 생각하지는 않습니다. 왜냐하면 한번 언약으로 맺은 것은 풀기 어렵기 때문입니다.

언약은 생명과 같이 소중하게 생각하기 때문에 결혼서약 또한 깨뜨리지 않으려고 노력합니다.

유태인의 법은 이혼을 허락하고 있지만 유태인들은 이혼을 나쁜 것이라고 생각합니다. 특히 현대 유태인들은 이혼은 하나님 앞에서 당사자들이 서약한 언약을 파기하는 것이라고 가르칩니다.

언약을 파기하는 것은 죽는 것과 같은 것이기 때문에 아주 특별한 경우가 아니면 이혼을 하지 않으려고 노력합니다.

이혼은 가능한가?

고대 근동지방에서 통용되는 가부장제도는 랍비시대에도 계속되고 있는 것을 알 수 있습니다. 가정에서 남편은 절대적인 권위를 가지고 있었기 때문에 아내는 자신의 의사와는 상관없이 이혼을 당하는 경우가 이방인들에게는 많이 있었습니다. 아내가 동의하든 안 하든 그것은 중요한 것이 아닙니다. 남편이 이혼을 원하면 언제든지 이혼 할 수 있지만 아내가 이혼을 원하는 경우 남편의 동의가 없으면 이혼이 성립하지 않습니다. 남편이 이혼을 원하는 경우 자신이 직접 이혼증서를 써 주든지 아니면 믿을만한 사람을 대리자로 보내면서 이혼 증서를 전달하면 이혼이 성립됩니다(예바모트 14:1). 아내는 어떠한 주장도 해보지 못하고 이혼 당할 수밖에 없었으며, 자신이 이혼을 할 수는 없었습니다. 이러한 지배구조는 여인들에게 무력감을 인식시켜 주었을 뿐이었습니다.

탈무드를 읽어 보면, 이혼에 대하여 비슷한 견해를 가지고 있지만 여인이 이혼 당하는 것을 보호하려고 노력하는 흔적을 볼 수 있습니다. "간음한 여인은 남편으로부터 이혼 당한다"(커투보트 3:5). 이 구절은 바꿔 말하면 간음을 제외한 어떤 사유로도 이혼을 인정하지 않는다는 것입니다. 탈무드를 계속하여 읽어 보면 다음과 같은 구절을 보게 됩니다.

> "간음의 경우를 제외한 어떤 경우에라도 남편이 첫 번째 아내에게 이혼증서를 써 주어 내어보낸다면, 하나님의 제단조차도 그녀를 위해 눈물 흘리리라! 그러면 너희가 이 일로 인하여 눈물로 여호와의 단을 적시게 될 것이다. 왜냐하면 그녀는 네가 어려

서 취한 아내, 하나님 앞에서 서로 서약한 조강지처이기 때문이다. 또한 하나님께서 이 혼인의 증인이시기 때문이다"(말 2:13 이하; 기틴 90b).

하나님 앞에서, 양가 부모님 앞에서, 여러 증인들 앞에서 당사자들이 서약한 언약을 남편 마음대로 파기할 수 없다는 것입니다.

그러나 다음과 같은 구문도 읽을 수 있습니다.

"만약 너희 아내를 미워하거든 내어보내라."

이 말은, 어느 랍비의 해석에 따르면, '너희가 그녀를 내쫓기 싫어한다는 것'을 뜻하는 것이라고 하였습니다(말 2:16).

그러나 어떤 학자들은 주장하기를 아내를 내어쫓는 자는 하나님 앞에서 저주를 받는다고 하였습니다.

이 두 가지 해석은 후자가 첫째 아내를, 전자가 둘째 아내를 의미한다고 가정하면 조화를 이룹니다.

남편이 자유롭게 아내를 내어보낼 수 있는 환경에서는 아내가 무시당할 수밖에 없으며, 언제 내침을 당할지 모르는 상태에 있었습니다. 그러므로 탈무드는 무분별한 이혼은 막아야 한다고 주장하며, 아내의 인권이 무시당하는 것은 하나님의 뜻이 아니라고 가르칩니다.

하나님은 남자와 여자를 구별되게 창조하신 것이지 차별되게 창조하신 것이 아닙니다. 남자와 여자의 구별은 짐승과 사람을 구별하는 것과 같은 그런 구별이 아닙니다. 하나님께서 동등한 인격체로 창조하셨는데, 직무상 구별을 두셨을 뿐이라는 것입니다. 그러므로 남편이 아내의 인격을 무시하는 것은 창조질서를 무너지게 만드는 것입니다. 하나님께서는 이혼하는 것을 묵인, 묵과하신 것이지 허락하거나 허용한 것이 아닙니다. 그래서 성경과 탈무드는 남편의 무분별한 이혼을 제도적으로 막기 위하여 '커투바(위자료)'를 반드시 지불하여야 한다고 가르칩니다.

"내 죄악의 멍에를 그 손으로 묶고 얽어 내 목에 올

리사 내 힘을 피곤케 하셨음이여"(애 1:14).

이 말씀은 나쁜 아내를 가졌을지라도, 남편이 그녀가 미워져서 이혼을 하려면 반드시 '커투바'를 지불해야만 이혼할 수 있다는 것입니다. 그러나 그 나쁜 아내가 간음한 행실이 세상에 드러나면 '커투바'를 주지 않고 이혼할 수 있습니다. 그러므로 탈무드는 다음과 같이 가르칩니다.

"간음한 행실이 없을지라도 남편에게 좋지 않은 아내라면 이혼 할 수 있는데 반드시 '커투바'를 지불하여야 한다"(예바모트 63b).

또한 탈무드는 간음한 경우를 제외한 몇몇 경우에도 '커투바'를 지불하지 않아도 되는 규정을 가지고 있습니다.

"유대 법을 거역한 여인에게는 '커투바'를 지불하지 않아도 된다. 공공장소에 나가 많은 사람들 앞에 나갈 때 머리를 가리지 않은 경우, 거리에서 방황하는 경우, 거리에서 만나는 모든 남자를 보며 희희낙락하는 경우, 남편이 보는 앞에서 자녀들을 저주하는 경우, 이웃집에 들릴 정도로 큰 목소리로 소리치는 경우이다"(커투보트 7:6).

간음한 아내와 유대 법을 위반한 여인은 이혼 당하여도 아무런 보호를 받을 수 없습니다.

탈무드는 이혼 조건을 가르치거나 설명하지 않습니다. 특별한 경우 이혼이 가능하다는 것을 말하고 있을 뿐입니다. 그 특별한 경우는 바로 출산입니다.

결혼의 목적은 무엇입니까? 결혼은 새로운 가정을 이루는 것이 목적이라고 합니다. 그러면 가정을 구성하는 요소는 무엇입니까? 가정의 구성 요소는 하나님, 아버지, 어머니 그리고 자녀입니다. 한 남자와 한 여자가 만나 새로운 가정을 이루었습니다. 하지만 불행하게도 부부에게 자녀가 생기지 않는 경우가 있습니다. 이러한 경우는 결혼의 목적을 이루지 못하였다고 볼 수 있습니다.

이러한 경우를 위하여 다음과 같은 법이 만들어졌습니다.

> "만약 남자와 여자가 결혼하여 새로운 가정을 이루었는데 십 년이 지나도록 자녀가 생산되지 않는다면 더 이상 기다릴 필요가 없다. 부부는 안타깝지만 이혼 할 수 있으며 재혼 할 수 있다. 재혼하였을 때도 다시 십 년이 지났는데 아이가 없으면 이혼은 가능하다. 이 모든 경우는 아이가 들어서지 않는 경우를 말하는 것이다. 그러므로 아이가 들어섰다가 유산한 경우에는 유산한 날로부터 다시 십 년을 기다려야한다"(예바모트 6:6).

한 가지 주의해야 할 것은 자녀가 없다고 반드시 이혼해야 하는 것은 아닙니다. 단지 결혼한 지 10년 동안 아이가 없을 경우 이혼할 수 있다는 것을 설명하고 있는 것입니다. 자녀는 하나님께서 그 가정에 내려주시는 복입니다.

또 다른 경우를 생각하여 보십시다. 남자와 여

자가 결혼하였습니다. 불행하게도 아내에게 정신 이상 증세가 나타납니다. 이것은 이혼 사유가 될 수 있을까요? 탈무드의 가르침을 보면 "부부 가운데 어느 한 쪽이든 정신 이상 상태가 있다면 이혼 할 수 있는가? 없다. 이것은 이혼의 사유가 아니라 이혼 할 수 없는 조건이다. 그 이유는 아내가 정신 이상이 되었는데 보호자가 없다면 분별력이 없는 그녀는 악한 것들의 희생 제물이 될 수 있기 때문이다. 또한 정신 이상이 된 남편도 이혼할 수 없다. 그 이유는 그가 싫어하는 아내를 내어 보내는데 위자료를 주지 않으려고 정신 이상인체 할 수 있기 때문이다"(예배모트 14:1)라고 기록되어 있습니다.

우리가 성경과 탈무드의 몇몇 구절을 살펴보았듯이 이론상으로는 남편만이 결혼생활을 정리할 수 있는 특권을 가진 것처럼 보이지만, 반드시 그런 것은 아닙니다. 탈무드가 정하는 법을 찾아보면 다음과 같은 구절이 있습니다.

"법정은 남편이 '나는 나의 아내와 이혼하겠다'고

말할 수밖에 없도록 압박한다"(아라킨32) 5:6).

그러면 어떤 경우에 이러한 법이 효력을 발생합니까?

"남편이 신방 차리는 것을 거절할 때"(커투보트 13:5)
"남편이 성 불구자일 때"(너다림 11:12)
"아내를 올바르게 부양하려는 의지가 없을 때, 정당하게 부양하지 않을 때"(커투보트 77a).

그리고 남편이 자신의 아내와 성관계를 가지는 것을 거절할 때, 샴마이 학파는 그에게 두 주간의 기회를 주었습니다. 그러나 힐렐 학파는 남편이 자신의 결정을 거두어들일 수 있도록 한 주간의 말미를 주었습니다(커투보트 5:6). 남편이 그 기간을 무시하고 계속하여 이혼을 해주지 않겠다고 고집한다면 법정은 그 남편에게 위자료를 주고 이혼하

---
32) 미쉬나 본문 다섯 번째 부분 5번째 책

라고 판결합니다. 그러나 만약 남편이 자신의 고집을 꺾고 맹세한 것을 거두어 들였는데, 부인이 계속하여 이혼을 고집한다면 위자료를 주지 않고 이혼할 수 있다고 판결합니다(커투보트 63b).

아내가 이혼을 요구할 수 있는 또 다른 두 가지 사례가 있는데 우선 남편이 불치병에 걸렸을 때나, 남편의 직업이 아내에게 혐오감을 주는 일을 할 때 아내는 이혼을 제기 할 수 있는 조건이 됩니다.

아내가 남편의 결점을 찾았다고 하여 법원이 남편에게 이혼을 하라고 명령할 수 있을까요? 그럴 수 없습니다. 남편의 결점이 몇 가지 나타났다고 해서 법정에서 이혼을 강요한다면 이 세상에 이혼하지 않을 부부가 있을까요? 랍비 시므온 벤 가말리엘이 이 구절을 해석한 것을 읽어보면 다음과 같습니다.

"남편에게서 발견한 결점이 작은 것이라면 법원

이 강요할 수 없다. 그러나 아내가 남편에게서 발견한 결점이 심각한 것이라면 법원은 이혼을 강요할 수 있다."

그러면 심각한 결점이라면 구체적으로 어떤 것들이 있는지 생각하여 보십시다.
시계를 거꾸로 돌려, 랍비 시므온이 생존해 있을 당시로 거슬러 올라가서 심각한 결점이 무엇인지 찾아보겠습니다.

남편이 문둥병에 걸렸을 때, 남편의 육체가 썩는 병에 걸렸을 때, 남편이 혐오감을 주는 직업(예를 들어 개똥을 수집하는 직업33), 동을 제련하는 직업, 가죽을 만드는 직업 등)을 가질 때 이혼을 강요할 수 있습니다.
이러한 결점이 발견되면, 결혼을 한 다음이든지, 아직 결혼을 하지 않은 상태에 있지만 약혼한 상태이든지 법원은 이혼을 명령할 수 있다고 하였습니다. 그 당시 문화에서 이러한 일들이 무엇을

---

33) 가죽을 만드는데 사용되었다고 합니다.

의미하는지는 모르지만, 남편이 이러한 결점을 가지고 있다면 이혼 사유가 되었습니다.

랍비 마이어는 이와 관련하여 다음과 같은 말을 덧 붙였습니다.

> "아내가 결혼하기 전에 남편의 결점을 알고 동의하여 결혼 하였을지라도[34] 지금 아내가 더 이상 참을 수 없다고 하면 이혼하여야 한다."

다시 말해서 결혼하기 전에는 참을 수 있다고 생각하였는데 막상 결혼하고 함께 살아보니 참을 수 없다고 법원에 호소하면 법원은 이혼을 강요할 수 있다는 것 입니다.

그러나 현인들은 조금 다르게 가르쳤습니다. 만약 결혼할 남녀 당사자가 서로의 결점을 알고 결혼하기 전에 합의한 경우라면, 아내가 인내하고 참고 살아야 한다고 하였습니다(커투보트 7:9 이하). 단 부부의 성관계를 통하여 남편의 질병이 아내에게

---

34) 결혼할 때 문제를 삼지 않았다.

감염될 수 있다면 예외라고 하였습니다. 그러한 경우에는, 결혼 전에 합의하였을지라도, 아내는 법원에 이혼을 요청할 수 있다는 것입니다.

남편이 아내와 자녀들에게 소식을 전하지 않고 헤어져 지내고 있다면, 그 기간이 얼마나 되든지 간에 아내가 이혼을 요청할 수 있는 사유가 되지 못합니다. 그러나 불행하게도 남편이 죽었다는 소식이 정확하게 들려왔으며, 그 소식이 확실하다면 아내는 다시 결혼을 할 수 있었습니다. 이 소식이 정확하다는 증거가 필요한데, 믿을 수 있는 증인이 있어야 했습니다. 토라는 증인을 세울 때 반드시 두 사람을 세우라고 하였습니다. 그러나 남편의 죽음에 대한 증인은 신실한 증인 한 사람만 있어도 된다(예바모트 88a)고 양보하였는데 무엇 때문인지는 모릅니다.

또한 남편이 팔레스타인으로 이사하기를 원하는데 아내가 원하지 않는다고 하면 가시 않을 수 있었습니다. 그러나 법원은 아내에게 남편을 따라 이사하라고 강요할 수 있었습니다. 만약 아내가 법원의 명령을 따르지 않으면, 남편은 아내에게 위자료를 주지 않고 이혼할 수 있었습니다. 마찬가지로 아내가 팔레스타인으로 이사하기를 원하는데 남편이 거절하면 법원은 남편에게 아내의 말대로 이사하라고 요구할 수 있었습니다. 그러나 만약 남편이 이사 가기를 원하지 않는다면 남편은 아내에게 위자료를 주고 이혼하여야 했습니다. 그리고 팔레스타인에 살다가 아내가 그곳을 떠나려고 할 때 남편이 거절하면 법원은 아내에게 남편을 따르라고 요청할 수 있었습니다. 그러나 만약 아내가 법원의 명령을 거절한다면 위자료를 받지 못하고 이혼당할 수 있었습니다. 마찬가지로 남편이 팔레스타인을 떠나려 할 때, 아내가 거절하면 법원은 남편에게 아내의 말을 들으라고 요청할 수 있었습니다. 그런데 만약 남편이 법원의 명령을 거절하면 위자료를 주고 이혼하여야 했습니다(커투보트 110b).

탈무드에 나타나는 이혼과 관련된 구절들을 종합하여 해석하고 결론을 내리면, 사람들이 일반적으로 생각하는 것만큼 아내에게 불리한 구절을 찾을 수 없습니다.

남편과 아내는 평등하다는 것을 발견하게 됩니다. 그리고 탈무드를 잘못 읽으면 쉽게 이혼할 수 있는 것으로 오해할 수 있습니다. 탈무드는 비밀리에 한 결혼은 쉽게 나누어질 수 있다고 말합니다. 결혼은 신중한 것이며 비밀리에 당사자끼리 하는 것이 아니라는 것입니다. 양가의 허락을 받으며, 서로서로 사랑하며, 연합을 이루기를 원하는 남녀가 하나님 앞과 여러 증인들 앞에서 사랑을 고백하고, 세움을 받는 예식이 결혼식입니다.

탈무드는 이혼할 수 있다고 하였지만 부부가 이 법을 남용하여 많은 부부들이 이혼했다는 흔적은 찾아볼 수 없습니다. 오히려 남남이 되어 사는 부부에게 필요하다면 큰 어려움 없이 결혼생활 아닌 결혼생활을 정리할 수 있도록 허락한 탈무드의 결혼관은 일반적인 유대인들의 부부관계를 한 단계 높이 끌어올리는 데 이바지하였다고 할 수 있습니다. 결혼도 신중하게 이혼도 신중하게 하라는 것입니다.

모든 것을 바라보시는 하나님 앞에서 하나님께서 원하시는 것이 무엇인지 먼저 생각할 줄 아는 부부가 되라는 것입니다.

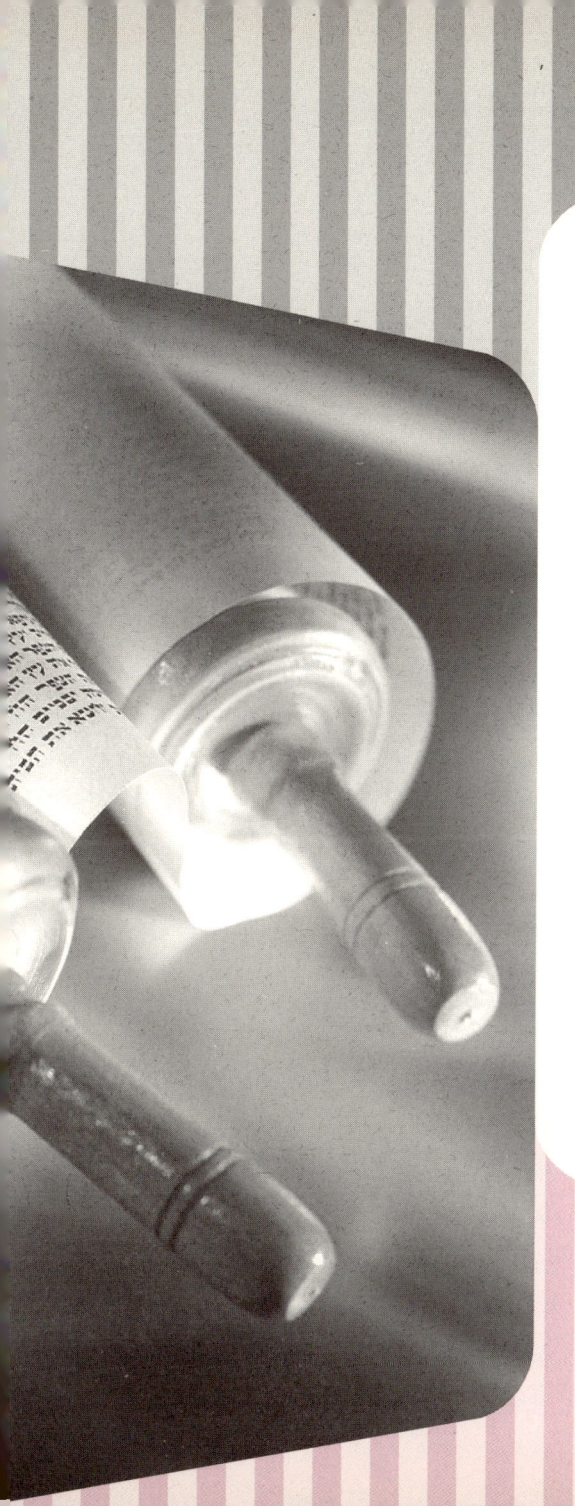

Family in the Talmud
04

가정에 주신
하나님의 선물
자 녀 와
자녀교육

가정에게 허락하신 하나님의 아름다운 선물

자식, 특별히 아들에 대한 강렬한 열망은 동서양을 막론하고 똑같이 나타나는 것을 볼 수 있습니다. 이러한 사고는 탈무드에도 나타납니다.

"어린이들(בנים 바님; 자녀들)은 '건설자들(בנים 보님; 세우는 사람들)'이다."

위 구절은 언어적 유희를 통해서 자녀에 대한 소중함을 드러낸 것입니다. 탈무드는 어린이가 미래라는 사실을 확실하게 가르치기 위하여 두 개의 히브리어 단어를 사용합니다. 한 단어는 아들이라는 단어입니다. 아들을 복수형으로 쓰면 '바님'이며 '어린이들' 또는 '자녀들'이라는 의미입니다.

다른 한 단어는 '세우다', '건설하다'는 의미를 가진 동사 '바나'입니다. 이때의 글자 모양은 완전히 다릅니다. 그러나 '바나'라는 동사를 능동분사형으로 쓰면 '보네'가 됩니다. 그리고 '보네'를 복수형으로 쓰면 '보님'이 되며 '어린이들'이라는 단어와 철자가 같게 됩니다. 그러나? 발음은 약간 다릅니다. 그러므로 탈무드는 "바님(어린이들)은 '보님(세우는 자)'이다"라고 하면서 '어린이들은 세우는 자들이다'고 설명하는 것입니다.

"어린이들은 한 가족의 미래를 세울 뿐만 아니라 한 사회의 미래도, 국가의 미래도 건설한다"(버라호트 64a).

이러한 이유 때문에 유태인 창세기 주석에서 "자녀가 없는 사람은 죽은 것과 같다"(창세기 라바 71: 6)

고 하였습니다. 왜 그렇습니까? 자녀를 생산하지 못하는 사람은 열매 없는 나무와 같기 때문이라고 합니다. 죽은 나무는 열매를 맺을 수 없습니다. 그러나 살아 있는 나무라도 열매를 맺지 못하면 주인은 찍어버리려고 합니다.

자녀를 생산하지 못하는 것은 자기에게 주어진 임무를 수행하지 못한 것과 같다고 합니다. 그리고 그가 세상을 떠나는 날, 그 사람의 이름은 그와 함께 사라지게 됩니다. 세상 사람들도 그러한 상태를 저주라고 하였습니다.

또한 고의적으로 자녀를 생산하지 않으려는 시도는 죄악이라고 합니다. 히스기야 왕이 중한 병에 걸려 누워 있을 때 있었던 일입니다. 선지자 이사야와 히스기야 사이에 주고받은 전설적인 대화에서 자녀를 생산하지 못하는 것은 죄악이라고 설명한 사실을 확인할 수 있습니다.

"그 무렵에, 히스기야가 병이 들어서 거의 죽게 되

었는데, 아모스의 아들 예언자 이사야가 그에게 와서 말하였다. "주께서 이렇게 말씀하십니다. '네가 죽게 되었으니, 너의 집안 모든 일을 정리하여라. 네가 다시 회복되지 못할 것이다'" (사 38:1).

여기에서 "죽게 되었는데"라는 말씀은 무엇을 의미합니까? 더 이상 미래가 없다는 말입니다. 또한 "회복되지 못할 것이다"는 미래에 다시 세워지지 않을 것이라는 의미입니다. 그러자 히스기야 왕이 "어찌하여 이리 심한 벌을 주시나이까?"라고 반문하였습니다.

이사야는 "자녀를 낳는 의무를 행하지 않았기 때문입니다"[35] 라고 대답하였습니다.

이에 대하여 히스기야 왕이 다시 말하기를 "그 이유는 성령의 도움으로 제가 얼마나 가치 없는

---

35) 이 암시는 이스라엘 왕들 가운데 사악한 왕들이 많이 있었는데, 그들 가운데 랍비들이 가장 사악한 왕이라고 부르는 므낫세 왕을 가리키는 것입니다. 히스기야는 사악한 아들을 낳게 될까봐 자녀를 낳는 의무를 행하지 않았다는 것입니다.

자녀를 생산할 것인지 내다보았기 때문이오"라고 하였습니다.

이사야가 다시 말하기를 "당신이 어찌 전능하신 하나님의 비밀을 다 알 수 있겠습니까? 당신은 하나님께서 명령하신 것을 행하면 됩니다. 그리고 그분의 은혜가 임하기를 기다리면 됩니다. 그 결과는 하나님에게 맡기십시오" (버라호트 10a)라고 하였습니다.

여인이 임신하였는데 산모에게 이상 증세가 확실하게 나타나면 산모에게 피임약을 투여할 수 있을 뿐만 아니라 권장하기까지 하였습니다. 그 당시 피임약으로는 사용되었던 것은 흡수제(absorbent)였습니다. 이 약을 사용하도록 허락받은 세 부류의 여인이 있었습니다.

세 부류의 여인은 바로 미성년자, 매우 나약한 임산부 그리고 현재 젖먹이를 둔 어머니입니다. 미성년자에게 이 약을 허락한 것은, 임신이 그녀에게 치명적인 문제가 되지 않도록 돕기 위하여 내려진 처방입니다. 그리고 연약한 임신부의 경우에는 이미 임신된 아이가 유산하지 않도록 도우려는 의도에서 처방하였으며, 젖먹이를 둔 어머니의 경우에는 유아의 건강에 해가 되지 않도록 하기 위하여 이 약을 처방하였습니다(여바모트 12b).

자녀들과 관계된 많은 이야기들이 탈무드에 나옵니다. 그 이야기들은 하나같이 자녀들은 하나님의 선물이며 귀중한 존재라는 주제를 가지고 있습니다. 랍비 마이어의 가정에서 일어났던 아주 슬픈 사건입니다.

> 랍비가 안식일 오후에 회당에서 성경을 가르치고 있을 때 랍비의 가정에 매우 슬픈 일이 발생하였습니다. 그에게 두 아들이 있었는데, 두 아들이 갑자기 위독하게 되었습니다. 어머니는 최선을 다하였지만 안타깝게도 하나님은 그들의 영혼을 취하여 가셨습니다. 회당에서 모든 일을 마치고 집으로 돌아온 랍비는 부인에게 묻습니다.
> "아이들은 어디 있나요? 왜 나오지 않나요?"

부인이 대답합니다.

"아이들은 연구하러 갔습니다. 일단 저녁 식사부터 하시지요!"

남편은 말하기를 "회당에서 아이들을 못 보았는데 어디 갔단 말이요?"

부인은 말합니다.

"어서 식사부터 하세요."

식사를 마치자 부인이 남편에게 말합니다.

"여보! 오늘 아주 슬픈 일이 있었습니다. 아주 오래전에 저에게 귀중한 보석을 맡겨 놓으셨던 분이 오늘 오셔서 나에게 맡겨 놓았던 그 귀중한 보석을 찾아갔습니다."

그때 남편이 말합니다.

"남의 것을 아주 오래 가지고 있으면 내 것으로 착각할 수 있지요. 하지만 내 것이 아니요. 주인이 와서 달라고 하면 감사하면서 내어 주어야지요. 그동안 귀중한 것을 나의 것처럼 사용할 수 있었으니 말이요!"

"그런데 오늘이 안식일이라 당신과 의논도 못하고 당신의 동의를 구하지도 않고 내 주었으니 용서하시오!"

남편은 의아하다는 듯 다시 물었습니다.

"무슨 말씀을 하시는 것입니까? 우리의 것이 아닌 것은 주인에게 돌려주는 것이 당연한 것이 아니요."

그때 부인은 남편의 손을 잡고 아이들의 방으로 들어갔습니다.

"여보! 하나님께서 우리에게 귀중한 보석을 17년 전에 그리고 15년 전에 하나씩 주셨는데, 오늘 하나님께서 오셔서 찾아가셨습니다."

남편은 통곡하였습니다. 부인이 말하였습니다.

"주인이 가져가시는 것이 당연한 것이라고, 우리는 감사할 뿐이라고, 당신이 말씀하시지 않으셨습니까?"

그러자 남편이 눈물을 거두며 말했습니다.

"주인이 요구하시면 언제든지 돌려 드려야지요! 하나님께서 맡기셨다가 찾아 가셨으니 다만 하나님의 성호를 찬양하십시다. 주신자도 여호와시오, 취하시는 자도 여호와시오니 여호와 이름이 찬송을 받을지니이다"(욥기 1:21). (얄쿠트 잠언 964장).

이 이야기가 우리에게 가르치는 교훈이 무엇입니까? 하나님의 말씀은 절대적인 권위를 가지고 있으며, 그 말씀에 이유를 다는 것이 아니라 순종만이 있을 뿐이라는 사실을 가르쳐줍니다. 그리고 모든 가정에 허락하신 자녀들은 나의 자녀이기 이전에 하나님의 자녀인데 우리 가정에게 잠시 맡겨주신 것뿐입니다. 그러므로 우리가 맡고 있는 동안 우리는 사랑과 성실로서 돌보아야할 의무를 가진 청지기라는 것을 분명하게 알아야 합니다.

또한 고대 근동에서는 아들을 딸보다 얼마나 더 많이 사랑하고 좋아하였는지를 보여주는 구절은 탈무드에 많이 있습니다. 몇 구절 찾아 읽어보십시다.

"아브라함이 나이 많아 늙었다. 여호와께서 모든 일에서 그를 복되게 하셨다"(창 24:1).

"모든 일에서 그를 복되게 하셨다"는 구문에서 '모든 일에서'는 무엇을 의미합니까? 이 구절을 랍비들이 해석한 것을 읽어 보면 흥미 있습니다. 어떤 랍비는 이 구절을 다음과 같이 해석하였습니다.

"아브라함은 딸을 가지지 않았었다. 아브라함이 딸을 가지지 않은 그것까지도 하나님께서 아브라함을 복되게 하신 것이다."

고대 근동지방에서는 '아들이 딸보다 훨씬 좋습니다.' 고 말하곤 하였습니다. 그러므로 딸이 없이 아들만 있는 것은 복되다는 것입니다. 그러나 어떤 랍비는 말하기를 딸이 하나도 없는 것은 좋지 않다고 하였습니다. 하나님은 아브라함을 복되게 하셨기 때문에 딸은 오직 한 명 주셨다고 하였습니다(바바 바트라36) 16b).

그 시대에 사는 모든 부모님들은 딸보다 아들을 낳기를 기대하였습니다. 그러나 어찌 그것이 마음대로 되는 것입니까? 그러니 하나님께서 복을 주셔야 된다는 것입니다. 하나님께서 복되게 하셔야

---

36) 미쉬나 네 번째 부분 세 번째 책

아들을 낳을 수 있다는 것입니다. 그러니 하나님께서 모든 일에 아브라함을 복되게 하셨다는 것은 딸이 없게 하셨거나 오직 하나만 두게 하셨다는 것입니다.

> 어느 날 한 랍비의 아내가 딸을 낳았습니다. 새로운 생명이 탄생한 것에 대하여 기뻐하며 복을 간구하여야 할 랍비의 마음은 매우 심란하였습니다. 랍비의 아버지는 심란해하는 아들을 위로하기 위하여 한 마디 하였습니다.
> "세상이 늘어났다."
> 그 말을 들은 랍비의 친구인 다른 랍비가 말하였습니다.
> "친구야! 지금 아버지께서 하시는 말씀은 공허한 위로를 줄 뿐이라네! 왜냐하면 다음과 같은 랍비의 금언이 있지 않는가? 세상은 남, 여 없이는 존재할 수 없다. 그러나 아들을 가진 사람에게는 행복이 있으나 딸을 가진 사람은 걱정이 많다"(바바 바트라 16b).

고대를 살았던 사람들이나 현대를 사는 사람들이나 모두 아들을 중시하는 이유가 무엇이라고 생각하십니까? 대부분의 사람들은 아들이 부모의 노후를 책임질 것이라고 생각합니다. 또한 부모님이 이루지 못한 야망을 아들이 대신 이룰 수 있다고 생각합니다.

그렇다면 딸은 부모님을 부양할 수 없을까요? 부모님의 야망을 이루어 드릴 수 없을까요? 고대에는 불가능하였을 것입니다. 왜냐하면 집안에 있어야 했으며, 자신의 일을 가지고 있지 않았기 때문입니다.

딸이 태어나는 것을 싫어한 이유를 설명하는 구절을 탈무드에서 읽을 수 있습니다. 벤 시라는 말하기를 "딸이란 그녀의 아버지에게 가치 없는 보물이다. 왜냐하면 아버지는 딸이 태어난 날부터 걱정을 시작한다. 딸이 어릴 때는 유혹받을 것을 걱정하며, 사춘기에는 타락의 길로 갈까 두려워하며, 결혼 적령기에는 남편을 잘못 만나거나 못 만날까 봐 걱정한다. 또 결혼 후에는 자녀를 생산하지 못할까 봐 걱정하며, 늙어서는 요물단지가 되지 않을까 해서 걱정한다"(산헤드린 100b)[37]고 하였는데 이러한 사상은 제사장의 기도문에서도 찾을 수 있습니다.

"여호와께서 네게 복을 주시고 너를 지키시기를 원하노라"(민 6:24).

아들들과 함께 복을 주시고 걱정거리를 만드는 딸을 보호하실 것이라고 복을 말씀하시는 것입니다(민수기 라바 11:5).

사람이 할 수 있는 최고 사랑은 자식을 향한 사랑입니다. 부모님을 향한 사랑은 자식에게 쏟는 애정보다 작습니다. 사랑은 내리사랑이라는 것을 가르쳐줍니다. 아버지의 사랑은 자녀를 위한 사랑이며, 그 자녀의 사랑은 또 그들의 자녀를 위한 사랑입니다(소타 49a).

---

37) 외경 집회서 42:9이하. 탈무드의 구절과 그리스어로 된 집회서와는 여러 가지 면에서 다릅니다. 그러나 일반적인 사상은 동일합니다.

젊은이들의 복지에 관심을 두는 것은 2세를 바르게 세우려는 정책입니다. 특별히 고아를 돌보는 것은 가장 의로운 행위라고까지 하였습니다. 시편 106편 3절을 읽어보십시오.

"공의를 지키는 자들과 항상 공의를 행하는 자는 복이 있도다."

자녀를 사랑하는 것, 고아를 돌보는 것, 젊은이들을 바르게 세우는 것을 가장 의로운 행위이며 공의라고 하였습니다. 시편의 말씀은 자녀들이 어릴 때 그들을 최고로 사랑하고 바르게 양육하기 위하여 잘 돌보아야 할 책임이 부모에 있다는 것을 강조하는 말씀입니다. 또 다른 랍비는 말하기를 "의로운 일은 고아를 자기 집으로 데려다가 결혼할 때까지 사랑으로 바르게 양육하는 것이다"(커투보트 50a)라고 하기도 했습니다.

바람직한 자녀사랑

자녀를 어떻게 사랑하는 것이 바람직한지, 자녀를 어떻게 양육하는 것이 바른 길인지, 또는 잘못된 길인지를 가르치는 구절을 탈무드에서 쉽게 발견할 수 있습니다.

성경에서 야곱은 요셉을 편애하며 특별히 사랑하였습니다. 다른 형제들이 질투하여 죽이고 싶은 마음이 들 정도로 유별나게 사랑하였습니다. 이것은 잘못되었다고 탈무드는 충고합니다. 아버지는 자녀를 사랑하는데 차등을 두어서는 안 됩니다(샤바트 10b).

어떤 경우에는 한 자녀를 너무 편애하여 그 자녀의 잘못을 고쳐주지 않을 수도 있습니다. 또한 어떤 자녀에게는 너무 엄격하게 대하여 그 자녀를 무능력하게 만들 수도 있습니다. 이 양극단이 조화를 이룰 때 자녀들이 바르게 자라날 것입니다.

출애굽기 라바와 탈무드를 읽어보면 다음과 같은 구절들이 있습니다.

> "자녀들에게 벌주지 않으면 탈선하기 매우 쉽다" (출애굽기 라바 1:1).
> "성인이 된 자녀는 꾸짖지 말라!"(모에드 카탄 17a).
> "자녀를 두렵게 하지 마라!"(기틴 6b).
> "자녀와 여인을 대할 때, 왼손으로 적당히 밀어내고 오른손으로 가깝게 끌어안아라!"(슈마호트 2:6)

부모님으로부터 벌을 받는 것이 두려워 자신의 생명을 끊어버린 사례도 있습니다. 벌을 주겠다고 위협하거나, 그 자리에서 당장 벌을 내리지 마십시오. 벌을 줄 것이라는 말도 하지 마십시오(슈마호트 2:6). 벌 받을 일을 했다는 것을 스스로 느끼도록 만들어 주고 자신이 돌아서게 하여야 합니다.

자녀들에게 상을 약속하였으면 반드시 그 약속을 지켜야 합니다. 약속을 이행하지 않는 것은 자녀들에게 거짓말을 가르치는 것과 같습니다(수카 46b). 또한 부모님은 말을 할 때 신중하여야 합니다. 자녀들은 부모님의 말씀과 행위를 복사하여 밖에 나가 사용한다는 것을 잊어서는 안 됩니다. 탈무드는 말합니다.

"자녀의 모든 언행은 부모님의 복사본이다"(수카 56b).

그렇습니다. 자녀들은 가정에서 보고 들은대로 밖에 나가서 보여 줍니다.

소꿉장난 하는 남자 아이와 여자 아이를 유심히 살펴 보았습니다.

아침에 밥을 지어 먹은 다음 남자 아이가 출근을 하려고 합니다.
그때 여자 아이가 넥타이를 골라 메어 주고 포옹하고 뽀뽀를 하고 배웅합니다.
저녁이 되었습니다.
남자 아이가 퇴근하여 집으로 돌아오는데 양복 자켓을 벗어 어깨에 메고 비틀 비틀 하며 여자아이를 향하여 옵니다.
여자아이는 어디서 술을 마시고 놀다 이제야 오냐고 하면서 큰 소리를 칩니다.

이 모든 모습을 어디에서 배웠을까요?
부모님이 하는 것을 복사하여 표현한 것입니다.
자녀들의 행위는 부모님의 거울입니다.

가정에서 어떻게 교육하는가?

　이스라엘 사회에서는 가정의 중요성을 아무리 강조하여도 지나치지 않다는 것을 공부하였습니다. 사람의 몸에 심장이 없어서는 안 되는 것처럼 한 나라나 사회에서는 가정이 없으면 안 됩니다. 그래서 가정은 나라의 심장과 같다고 말하기도 합니다. 심장이 깨지면 사람은 죽습니다. 가정이 깨지면 나라는 붕괴될 수도 있습니다.

　이렇게 중요한 가정에 하나님께서는 특별한 교사를 세우셨습니다. 그 선생님은 다름 아닌 부모님입니다. 자녀가 태어나서 제일 처음 입학하는 학교가 가정이며, 제일 처음 만나는 선생님이 부모님입니다.[38] 유태인들은 스스로에게 질문합니다. 가정의 특별한 선생님인 부모에게 하나님께서 부여하시는 중요한 의무는 무엇인가? 이에 대해서 탈무드는 "사회를 구성하는 멤버로서 바르게 설 수 있는 사람을 양육하는 것"이라고 밝히고 있습니다.

그렇습니다. 부모님은 자신들의 가정에 맡겨진 자녀들을 어떻게 하면 이 사회가 필요로 하는 일군, 없어서는 안 되는 사람, 선한 영향력을 주는 사람으로 양육할 수 있을까를 연구하며 배우기를 즐겨합니다. 그래서 사회에서 바르게 서는 사람, 공동체에 유익을 주는 사람으로 세우는 교육을 합니다.

그러면 그들의 교육 목적은 무엇입니까? 가장 기본적인 교육의 목적은 자녀들이 하나님을 믿게

---

[38] 변순복, 『유태인 교육법』(도서 출판 대서)을 참고하시기 바랍니다.

하는 것입니다. 세상의 무엇보다도 하나님을 배워, 알고, 믿고, 믿는 대로 행하는 삶을 살도록 교육하는 것입니다. 그래서 성경은 말합니다.

> "네 자녀에게 부지런히 가르치며 집에 앉았을 때에든지 길을 갈 때에든지 누워 있을 때에든지 일어날 때에든지 이 말씀을 강론할 것이며"(신 6:7).

> "내가 그로 그 자식과 권속에게 명하여 여호와의 도를 지켜 의와 공도를 행하게 하려고 그를 택하였나니 이는 나 여호와가 아브라함에게 대하여 말한 일을 이루려 함이니라"(창 18:19).

유태인들은 이 말씀을 마음에 새기고, 말씀대로 행하면서, 매일 아침저녁으로 가르치며 자녀가 따라오기를 기도하며 소망합니다.

탈무드 또한 가정교육, 사회교육, 학교교육에 대한 중요한 가르침을 주고 있습니다. 특별히 가정교육을 강조하는 구절을 많이 읽을 수 있습니다.

"토라로 자녀를 교육하는 사람은 이 세상에서 그 열매를 풍성하게 누리는 삶을 살 것이며 오는 세상을 위하여 아주 중요한 업적을 남기는 것이다"(샤바트 127a).

"토라를 연구하는 아들을 가진 사람은 결코 죽지 않는다"(창세기 라바 49:4).

"자기 아들에게 토라를 가르치는 사람에 대하여 성경은 말한다. "너는 호렙산에서 토라를 직접 받은 것과 같다. 호렙산에서 받은 말씀을 너의 자녀들과 너의 자녀들의 자녀들에게 알게 하라"(신 4:9). 왜냐하면 성경은 말하기를 호렙산에서 네가 너의 하나님 여호와 앞에 섰던 그 날에……"(신 4:10; 버라호트 21b).

이 말씀은 하나님 앞에 서서 하나님으로부터 직접 들은 것과 같다는 것입니다. 그러므로 먼저 네가 이 말씀을 행하고 보여주어 너의 자녀들이 따르도록 가르쳐야 한다는 것입니다.

그리고 유태인들이 교육에 대하여 특별히 높은 가치를 부여하는 중요한 이유는 배움이 곧 예배이기 때문입니다. 하나님의 말씀을 배우는 것은 하나님의 말씀에 대한 사랑의 표현이며 하나님을 알고 닮으려는 소망이기 때문입니다.

"만약 네가 지식을 얻었다면 무엇이 부족하겠느냐? 만약 네가 지식을 얻지 못하였다면 무엇을 얻었다고 할 수 있느냐?"(레위기 라바 1:6).

이 구절을 근거로 유태인들은 다음과 같이 가르쳐 왔습니다.

"아는 것은 선이요, 모르는 것은 악이다."

우리는 어떻습니까? 알아야 면장을 하지요. 무슨 뜻입니까? 모르면 아무것도 할 수 없다는 말입니다. 또한 아는 것은 힘이라고 합니다. 그렇습니다. 알지 못하면 자신이 없습니다. 알 때 당당할 수 있습니다.

반면에 이런 말도 있습니다. 모르는 것이 약이다. 정말 그렇습니까? 그럴 수도 있습니다. 벽이 문이라고 내미는데 누가 감당할 수 있습니까? 그러나 무지는 약이 아니라, 악이라는 것을 기억하여야 합니다.

사회가 존속할 수 있는 힘은 지식의 확장에 달려 있다는 의식이 점점 보편화되어가고 있습니다. 교육의 중요성을 강조하여 가르치는 구절을 찾아 읽어보도록 하겠습니다. 어떻게 보면 너무 지나치게 느껴지기도 합니다.

> "이르시기를 나의 기름 부은 자에게 손을 대지 말며 나의 선지자를 해하지 말라 하셨도다"(대상 16:22).

여기에서 "나의 기름 부은 자"란 학생들을 가리키는 것이며, "나의 선지자"란 학자를 가리킵니다. 계속하여 탈무드는 가르칩니다.

"세상은 오직 학생들의 숨결로 존재한다. 성전을 다시 건립하는 일이 있을지라도 자녀교육을 미루면 안 된다. 학생이 없는 도시는 파멸되고 말 것이다"(샤바트 119b).

성전을 건립하는 일은 매우 중요한 일입니다. 그렇게 중요한 일을 하는 그 시간이라고 하더라도 자녀를 교육하는 일을 중단하여서는 안 된다는 가르침입니다. 오래전부터 전해서 내려오는 의미심장한 이야기가 있습니다.

가다라에 살고 있는 베오르와 오노마오스의 아들인 발람과 같은 철학자는 일찍이 세상에 없었습니다. 모든 이교도들이 예배로 모인 다음 발람에게 와서 질문하였습니다.
"이스라엘 민족과 싸워 이길 수 있는 방법을 알려 주십시오."
이에 발람은 대답하였습니다.
"그들의 회당과 학교에 가 보라! 거기서 학생들이 그들의 교훈을 배우고 응답하는 소리가 크게 들리면 그들을 이길 수 없을 것이다. 왜냐하면 그들의 족장인 이삭이 말하기를 "음성은 야곱의 음성이나 손은 에서의 손이로다"(창 27:22)라고 하였다. 이 말의 의미는 야곱의 목소리가 회중에게 들리면 에서의 손에 힘이 빠진다는 뜻이다"(창세기 라바 65:20).

연구하지 않는 사람은, 계속하여 연구하고 배우고 가르치는 사람을 이길 수 없다는 교훈의 말씀입니다. 그러므로 유태인들은 무엇보다 교육에 지대한 관심을 가지고 2세를 교육하기 위하여 노력하였습니다. 이러한 교육에 대한 열정과 자녀 교육에 대한 열망, 그리고 연구하는 것에 지대한 관심은 그들로 하여금 학교를 설립하도록 만들었습니다. 제도화된 학교를 세우기 위하여 수고한 사람은 기원전 50년경에 살았던 쉬므온 벤 쉐타흐입니다. 그러나 학교가 포괄적인 교육기관으로 체계를 갖추기 시작한 것은 제2 성전이 파괴되기 불과 몇 년 전이었으며 조수아 벤 가말리가 바로 그 기틀을 마련하였습니다. 이스라엘 사람들은 이 사람을 존귀하게 생각하고 칭송합니다. 그 칭송하는 소리는 다음과 같습니다.

"조수아 벤 가말리를 영원히 기억하라!? 왜냐하면 그가 이 세상에 오지 않았더라면 토라는 이스라엘로부터 잊혀졌을 것이기 때문이다."

완전한 체계를 갖춘 학교가 세워지기까지는 가정이 학교였기 때문에 아버지가 자녀를 가르쳤습니다. 그러므로 고아들은 교육을 받을 수 없었습니다. 그래서 조수아는 예루살렘에 있는 회당에 선생님을 임명하고 학생들을 가르치도록 하였습니다. 예루살렘 밖에 있는 아버지들은 자녀를 데리고 예루살렘으로 들어와 교육을 받도록 하였습니다. 그러나 고아들은 여전히 소외당할 수밖에 없었습니다. 왜냐하면 예나 지금이나 등록금이 문제였습니다.

조수아는 그 다음 고등교육을 위해서 각 도마다 교사를 임명하여 16~17세의 젊은이들을 가르치도록 하였습니다. 그런데 선생님이 교실에서 분노를 일으키면 학생들은 선생님께 반항하기도 했습니다. 이러한 일로 인하여 선생님들이 학교를 떠나는 경우가 종종 있었습니다. 그래서 조수아는 '모든 동네마다 학교를 세워 어린이를 집 가까이에 있는 학교에서 배우도록 하여야 하겠다' 고 생각한 것입니다. 그래서 부모님과 선생님의 긴밀한 관계 안에서 협력하여 바르게 가르쳐야 한다고 하였습니다. 아마도 이러한 교육 기관이 세계 최초의 학교에 관한 기록일 것입니다.

시간이 흐르고 세대가 지나갈수록, 이 훌륭한 교육세도가 점점 쇠퇴해갔습니다. 어떤 랍비는 다음과 같이 말하기도 하였습니다.

> "예루살렘 사람들이 자녀를 학교에 보내는 것을 게을리 하여 예루살렘이 망했다"(샤바트 119b).

이 주장을 한 랍비는 예루살렘의 패망의 역사적인 원인을 설명하려고 하는 것이 아닙니다. 랍비는 자녀의 바른 교육을 위하여 자녀를 학교에 보내지 않았던 사람들에게 교육의 중요성을 설명하려는 의도였습니다. 이 이야기는 부모들에게 자녀를 교육하는 것이 얼마나 중요한지 일깨워주는 교훈의 말입니다. 성전이 무너지기 전 모든 부모들이 자녀교육에 나태한 것은 아니었습니다. 어떤 랍비와 관계된 구문을 읽어보면 다음과 같은 구문이 있습니다.

"그 랍비는 그의 자녀가 학교에 갈 때까지 아침식사를 하지 않았다"(키두신 30a).

3세기에 살았던 랍비 히야는 기초교육에 대한 관심을 되살리려고 노력하였습니다. 특별히 그는 이스라엘이 토라를 잊어버리지 않도록 하기 위하여 끊임없이 노력하고 있다고 하였습니다. 그때 어떤 사람이 찾아와 "당신은 그 일을 위하여 무엇을 하고 있습니까?" 하고 물었습니다. 랍비가 대답하였습니다.

"나는 실을 짜서 그물을 만들어 사슴을 잡았습니다. 그리고 그 살코기는 고아들에게 나누어 주고, 그 가죽으로 양피지를 만들어 그 위에 토라를 기록하였습니다. 그리고 아이들이 모이는 한 장소로 가서, 거기서 다섯 명의 어린이들에게 토라를 다섯 부분으로 나누어 가르쳤습니다.[39] 그리고 여섯 명의 어린들이게 미쉬나를 여섯 부분으로 나누어 가르쳤습니다."[40]

선생님께서 한 사람에게 토라의 한 부분을 가르치고, 다른 학생에게로 가면 그 친구는 자기가 배운 것을 다른 친구에게 바로 가르치는 것입니다. 이렇게 리그 형식으로 가르치면 한 부분을 네 번 가르치게 되고 미쉬나 한 부분은 다섯 번 가르치

---

[39] 토라는 다섯 부분으로 나누어지기 때문에 다섯 명의 어린이들에게 한 부분씩 가르쳐주었습니다. 그리고 자기가 배운 것을 네 명의 친구들에게 가르치도록 하였습니다. 서로서로 가르치는 것을 통하여 토라 전체를 완전하게 알 수 있도록 하였던 것입니다.

[40] 미쉬나는 여섯 부분을 나누어지는 것을 우리는 알고 있습니다. 토라와 마찬가지로 여섯 명의 어린이들에게 한 부분씩 가르쳐주었습니다. 그리고 다른 친구들에게 서로 가르치도록 하였습니다. 그래서 완전하게 알도록 하였습니다.

게 되어 완전하게 알게 됩니다.

　이렇게 돌아가면서 공부하면 토라 모든 부분을 다섯 번 배우게 되게 되고 네 번 가르치게 됩니다. 물론 미쉬나는 여섯 번 배우게 되고 다섯 번 가르치게 됩니다(바바 므치아 85b).

　랍비는 유대교 교육의 기초인 토라와 미쉬나를 이렇게 어린이들에게 가르쳐서 이스라엘이 토라를 잊지 않도록 노력하였습니다. 현대 시대에도 이렇게 기초를 든든하게 세우는 교육을 감당하시는 선생님이 진실로 필요합니다.

　부모님께서 어떠한 환경에 있을지라도 자녀를 교육시키지 않으면 안 된다고 토라는 경고하였습니다. 가난한 어린이들도 반드시 교육을 받을 기회를 가져야 합니다. 가난하다고 무시당하면 안 됩니다. 토라는 그런 사람들을 돌보라고 말씀합니다(느다림 81a).

　조수아 벤 가말리가 말한 교육제도에서는 6~7

세에 학교에 입학하는 것으로 되어있습니다. 그러나 미쉬나 네 번째 부분 아홉 번째 책인 피르케이 아보트 5장 24절을 읽어보면 다섯 살에 학교에 입학하는 것으로 되어 있습니다.

또한 탈무드를 읽어 보면 6세 미만의 어린이는 학생으로 받아들일 수 없으며, 최소 6세는 되어야 학교에 입학할 수 있다고 하였습니다. 그리고 학교에 입학하면, 농부가 소에게 꼴을 배불리 먹이는 것처럼, 학생에게 토라를 배불리 먹어야 한다고 하였습니다(바바 바트라 2a).

교육을 담당하는 전문가들은 모두 똑같은 말을 합니다.

"교육은 일찍 시작하여야 한다. 젊음의 시기에 교육받은 것은 그의 평생을 좌우한다."

한 랍비는 어린이의 교육은 일찍 시작하면 할수록 좋다는 것을 강조하면서 어린이가 일찍 받은 교육은 깨끗한 종이 위에 쓰인 잉크와 같다고 하였습니다. 그리고 노년에 받은 교육은 더러운 종이 위에 쓰인 잉크와 같다고 하였습니다(아보트 4:25).

  이러한 주제를 다루는 다른 설명을 보면, 젊었을 때 토라를 배우면 그 말씀이 뼛속에 새겨지며 몸에 배어 그 입을 통하여 자연스럽게 나옵니다. 그러나 노년에 받은 교육은 뼛속에 새겨지지 않으며, 그의 입에서 자연스럽게 나오지도 않는다고 하였습니다. 이와 비슷한 가르침을 다른 책에서도 읽을 수 있습니다.

> "젊었을 때 배우는 것을 원하지 않는다면 노년에는 어디에서 지식을 얻을 수 있겠느냐?"(ARN 24).

  탈무드를 읽어보면 탈무드 시대에 이미 학교가 일반화되어 있었다고 합니다. 그리고 학생들도 많이 있었다고 합니다. 2세기에 살았던 어떤 랍비는 다음과 같이 말하였습니다.

> "베타르41) 성읍에는 회당이 400개 있었다. 각 회

---

41) 이 도시는 바르 코흐바가 로마를 대항하기 위하여 진을 쳤던 마지막 보루였습니다.

> 당에 400명의 선생님이 계셨다. 각 회당은 400명의 학생들이 있었다"(기틴 58a).

또한 3세기에 살았던 한 랍비는 말하였습니다.

> "예루살렘에는 394개의 법원을 가지고 있었다. 같은 수의 회당과 연구하는 기관이 있었다. 초등학교들도 많이 있었다"(커투보트 105a).

물론 이 통계에는 다소 과장된 것이 사실일 것입니다. 그러나 그 당시 교육 기관은 현대인들이 상상하는 것보다는 훨씬 많았던 것은 사실이라는 것을 입증하여 주는 좋은 자료들임에는 틀림없습니다.

당시 유대는 어린이를 교육하는 것을 중요하게 여겼기 때문에 그 당시 선생님들은 최고로 존경받는 직업이었습니다.

유대법을 읽어 보면, 자녀들에 대한 어떤 문제에서는 부모님보다도 선생님께 우선권을 주기도 하였습니다. 왜냐하면 부모는 자녀에게 이 세상에서의 삶을 가지게 하였지만, 선생님은 앞으로의 세상에서의 삶을 가르치기 때문입니다(바바 므찌아 2:2).

다음에 나오는 이야기는 어린의 교육 상태를 조사하기 위하여 팔레스타인 전 지역을 돌아본 랍비 세 명과 관련된 이야기입니다.

> 랍비 세 명은 팔레스타인 전역을 돌아보다 교사가 없는 마을에 이르렀다. 그들은 마을 사람들에게 "이 도시를 지키는 사람을 데려오시오"라고 말했다. 그러자 주민들은 군인들을 데리고 왔다. 랍비들은 소리쳤다.
> "이들은 지키는 자가 아니라 파괴하는 자들이오!"
> 시민들은 의아해 하며 랍비들에게 물었다.
> "그러면 우리의 수호자는 누구입니까?"
> 랍비들이 말하였다.
> "이 마을 지키는 사람은 선생님들이요"(하그 76b).

유대교에서 선생님은 대단한 위엄과 존경과 지위를 가집니다. 선생님은 유대교의 성과 요새로서 유대교를 보호하는 귀중한 분입니다. 그래서 유대교에서는 가르칩니다.

"너의 선생님을 두려워하기를 하나님을 두려워하는 것처럼 하라"(아보트 4:15).

일반적으로 많은 사람들이 선생님에게 요구하는 도덕적 기준은 높습니다. 또한 종교인에게도 마찬가지로 높은 종교성과 도덕성을 요구합니다. 종교 지도자에 대한 성경의 가르침을 보면, 선지자가 가르치는 이상적인 표준이 있습니다.

"제사장의 입술은 지식을 지켜야 하겠고 사람들은 그의 입에서 율법을 구하게 되어야 할 것이니 제사장은 만군의 여호와의 사자가 됨이거늘"(말 2:7).

사람들은 선생님의 입술을 쳐다보면서 인생을 바르게 사는 법을 배운다는 말씀입니다. 선생님이 여호와의 메신저와 같다면 그 입에서 토라를 구하라! 만일 선생님이 하나님의 사자와 같지 않다면 그로부터 토라를 찾을 수 없다(모에이드 카탄 17a)고 가르칩니다. 일반적으로 말하는 선생님의 자격을 찾아보면 다음과 같습니다.

> "하나님의 보내심을 받은 자다.
> 마음과 행함에 토라가 있어야한다.
> 하나님께서 자기에게 맡겨주신 학생을 사랑하여야 한다.
> 알 때까지 가르칠 수 있는 있는 인내심이 있어야 한다"(피르케이 아보트 11:6).

어떤 분은 연세가 많으신 선생님을 더 칭송하기도 하였습니다. 그는 다음과 같은 말을 하였습니다.

> "젊은 선생님으로부터 배우는 사람과 연세 드신 선생님으로부터 배우는 사람은 어떤 차이가 있는가? 젊은 선생님으로부터 배우는 사람은 이제 막 갓 짜낸 포도주를 마시는 것과 같다. 연세 드신 선생님으로부터 배우는 사람은 오래된 포도주를 마시는 것과 같다"(피르케이 아보트 4:26).

어떤 선생님께서는 반대로 가르쳤습니다.

"그럴 수도 있지만 반드시 그런 것은 아니다. 왜냐하면 병만 보면 안 되기 때문이다. 병에 담긴 포도주가 중요한 것이지 병이 중요하지 않다. 그러므로 병만 보지 말고 그 안에 무엇이 들어 있는가를 보아야한다. 오래된 병에 오래된 포도주가 담겨 있을 수 있다. 그러나 새 포도주가 담겨 있을 수 도 있다. 그리고 새 병에도 오래된 포도주가 담겨 있을 수 도 있다."(피르케이 아보트 4:27)

탈무드는 또한 그 당시의 교육 방법에 대한 정보를 제공해주는데 간략하게 몇 가지만 살펴보겠습니다.

"교실 크기는 선생님께서 학생 전체를 한 눈에 살필 수 있어야한다. 선생님 한분이 통솔할 수 있는 학생 수는 최대 25명이다. 학생수가 50명이면 선생님이 한 분 더 필요하다. 학생이 40명이면 학생 중에서 나이 많은 학생이 선생님을 도와야한다"(바바 바트라 21a).

"선생님은 장황한 설명을 하지 않도록 주의하여야 한다. 선생님은 학생들에게 간단명료한 설명을 하여야 한다"(프싸힘 3b).

당시 교과서와 필기도구가 없었던 것은 아니지만 값이 비싸고 구하기 힘들었기 때문에 대다수의 사람들은 사용할 수 없었습니다. 때문에 암기시키는 교육 방법을 주로 사용하였습니다. 그래서 다음과 같은 말이 나오게 되었습니다.

"선생님은 학생이 암송할 때까지 반복하여 가르쳐야 한다"(에루빈 54b).

만약 토라를 배우고 반복학습을 통하여 암기하지 않으면, 봄에 씨를 부리고 가을에 수확하지 않는 사람과 같다"(산헤드린 99a).

"한 과목을 100번 암송하는 학생과 101번 암송하

는 학생과의 차이는 실로 크다"(하기가⁴²⁾ 9b).

선생님은 학생들이 공부한 것을 기억하도록 돕기 위한 학습 방법을 개발하여야 했습니다. 그들이 찾아낸 방법은 학습할 내용을 큰소리로 소리 내어 읽는 방법이었습니다. 그래서 탈무드는 말합니다.

> "선생님은 공부를 가르치기 전에 학생들에게 말하여야 한다. 너희들이 큰 소리로 함께 성경과 미쉬나를 읽으면 오래오래 기억에 남게 될 것이다"(에루빈 54a).

> "소리 내어 읽으며 공부하지 않는 학생은 3년 후에 공부한 것 모두를 잊게 된다."

어린 유아들에게 어떻게 히브리어를 잘 가르칠 수 있을까를 고민하였던 탈무드 시대의 선생님들

---

42) 미쉬나 두 번째 부분 12번째 책.

이 제시하는 방법을 탈무드에서 읽어봅시다. 당시 선생님들은 유아들이 알파벳을 암기하는 것을 도와주고 조금이라도 쉽게 공부하는 방법을 찾기 위하여 노력하였습니다. 그래서 그들이 찾아낸 방법은 한 번에 알파벳 22문자 모두를 가르치는 것이 아니라 가장 많이 쓰이는 알파벳부터 시작하여 한 번에 다섯 문자씩 가르치는 것이었습니다.

그리고 그 다섯 문자를 다양하게 조합하여 그들이 사용하는 단어를 만들어 암기하도록 하였습니다. 이때 알파벳을 가르치는 단어들은 무엇보다도 윤리적인 단어와 종교적인 단어를 많이 사용합니다. 그래서 알파벳을 가르치는 것을 통하여 종교교육과 윤리교육을 하였던 것입니다. 그러므로 아주 어릴 때, 글을 배우기 시작할 때부터 하나님교육과 윤리교육을 시작합니다. 각 문자는 모두 귀중한 교훈을 담고 있습니다.

어린이들이 처음 학교에 입학하여 히브리어 알파벳을 공부합니다. 그때 각 알파벳이 가지는 의미를 함께 배우는데 이 의미가 너무 재미있고 교훈적인 것이라 알파벳을 쉽게 기억하게 됩니다. 그런데 그들이 배우고 암송하는 것은 눈의 아들 여호수아 시대에는 듣지도 못하던 내용입니다. 어린이들이 알파벳을 공부할 때, 배우는 알파벳이 가지는 재미있는 이야기를 히브리어 알파벳 순서대로 간략하게 살펴보겠습니다.

처음 두 문자 알렙 א과 베이트 ב는 '이해를 하다' 는 구문의 두 단어의 머리글자이며 기멜 ג과 달레트 ד는 '가난한 자에게 은혜를 베풀라' 는 구문의 머리글자들입니다. 그런데 왜 기멜의 발이 달레트를 향하여 서 있을까요? 그것은 가난한 자의 뒤를 쫓아가서 은혜를 베풀기 위하여 부지런히 따라 가는 모습을 보여 주는 것입니다. 그리고 달레트의 발이 왜 기멜로 향하고 있습니까? 그 이유는 가난한 자는 부자에게 도움을 청할 수 있다는 것을 가르쳐 줍니다. 그리고 달레트의 얼굴은 기멜에게 등을 돌리고 있는데 그 이유는 무엇입니까? 은혜를 베풀 때는 은혜를 받는 자가 수치감을 느

끼지 않도록 은혜를 베푸는 자가 몰래 하여야 한다는 것을 가르쳐주기 위함입니다.

헤이 ה와 바브 ו는 거룩한 하나님의 이름을 기록하는데 사용하는 문자입니다.

자인 ז 헤이트 ח 테이트 ט 요오드 י 카프 כ 라메드 ל⁴³⁾는 가난한 자를 대할 때 어떻게 대하여야 하는지 가르쳐주는 문자들이며, 각 문자가 가르치는 대로 은혜를 베풀며 살아가면 복 주시는 하나님께서 너에게 일용할 양식을 주시고, 너에게 자비를 베풀어 은혜를 주시며, 유산을 주신다. 그리고 다가올 세상에서 너에게 왕관을 주신다는 것을 가르쳐주는 문자들입니다.

이어지는 문자는 멤 מ입니다. 이 문자는 두 가지 형태를 가지고 있습니다. 하나는 단어의 마지막 문자로 올 때 가지는 특별한 형태입니다. 보통 자리에서 쓰일 때는 아래 부분이 열려 있는 문자를 사용합니다. 마지막에 올 때는 닫혀 진 형태 ם를 가집니다. 열린 문자와 닫힌 문자는 다음과 같은

---

43) 이 문자들은 따라오는 문장의 키워드에 나오는 단어들이 포함하고 있는 문자들입니다.

교훈을 가지고 있습니다. 열려진 멤은 하나님의 속성 가운데 계시된 속성이 있다는 것을 알려주며, 닫힌 멤은 하나님의 속성 가운데 숨겨진 속성도 있다는 것을 가르쳐줍니다.

눈)또한 두 가지 형태가 있습니다. 단어의 마지막 자리에 오는 눈은 'ן' 처럼 아래가 펼쳐져 있습니다. 그러나 마지막 자리를 제외한 자리에 올 때는 'נ'과 같이 아래 부분이 굽어져 있습니다. 굽은 눈(נ)은 하늘나라에서 앉아 계시는 하나님을 상징하고 펼쳐진 눈은 하나님 앞에 서 있는 천사를 의미한다고 탈무드는 가르칩니다. 또한 굽은 눈은 굽어진 상태, 힘든 상태를 가르치는데, 그러한 환경에 있을 때 하나님께 신실하다면, 평범한 상대에서는 얼마나 더 신실하겠는가를 상징적으로 가르치는 문자라고 합니다.

그리고 이어지는 두 문자 싸메흐 ס와 아인 ע은 '가난한 자를 도우라' 는 구문의 두 단어의 머리글자를 의미한다는 견해와, 토라를 공부할 때, 기억하는 것을 돕는 방법으로 '기억법을 만들라' 는 구문의 두 단어의 머리글자를 가리킨다는 견해가 있습니다.

다음 문자 페이 또한 두 가지 모양 פ ף으로 나타납니다. 아래 부분이 굽은 것과 펼쳐진 것입니다. 페이는 입을 상징하는 문자로 열려진 입과 닫혀진 입을 가리킵니다.

그리고 짜디 또한 두 가지 모양 צ ץ을 가집니다. 이 문자는 의로움을 상징하는 문자입니다. 환경이 나쁘게 굽어져 어려운 상황에 있을 때라도 의로움을 나타내는 사람이라면 평범한 환경에서는 더 의로움을 나태내지 않겠느냐는 교훈을 주고 있습니다.

이어지는 문자 코프 ק는 구별됨, 거룩함을 의미하는 단어의 머리글자이며 레이쉬 ר는 나쁜, 사악한 이라는 단어의 머리글자입니다. 그런데 이 두 문자는 왜 모두 고개를 돌리고 있습니까? 모든 것으로부터 구별되시는 하나님, 거룩하신 하나님은 나쁜 것, 사악한 것을 바라볼 수 없기 때문입니다. 그러면 코프의 머리끝이 왜 레이쉬를 향하여 있습니까? 복 주시는 하나님께서 "악한 자들이 회개하고 돌아서면 그들에게도 왕관을 씌우리라"고 말씀하신 것을 이루시기 원하시기 때문입니다. 그러면 코프의 다리가 머리에 딱 붙어 있지 않은데 왜 그렇습니까? 그것은 악한 사람들이 회개하고 돌아올 때 열려진 문을 통과하여 들어올 수 있도록 열어두셨다는 것입니다.

끝에서 두 번째 문자 쉰 ש은 거짓 שקר이라는 단어의 머리글자입니다. 그리고 마지막 문자 타브 ת는 진리 אמת라는 단어의 마지막 문자입니다. 그런데 진리와 거짓이라는 단어를 관심 있게 살펴보면 특이한 것을 발견할 수 있습니다. 모두 세문자로 이루어진 단어입니다. 그런데 거짓은 거의 마지막에 위치한 연속되는 세 문자의 순서를 바꾸어서 쓴 단어라는 것을 알 수 있습니다. 연속되는 단어를 쓰려면 차례대로 쓰던지 아니면 반대로 쓰던지 할 것이지 왜 순서를 뒤죽박죽으로 썼을까요? 거짓은 질서가 없다는 것입니다. 그리고 거짓은 연속으로 흔하게 나타난다는 것입니다. 그러나 진리는 알파벳의 처음 글자와 정중앙에 있는 글자와 마지막 문자로 구성되어 있습니다. 아주 논리적이며 질서정연합니다. 그리고 진리는 흔하지 않으며 귀하기 때문에 정확한 자리에서만 나타난다는 것입니다. 그리고 두 단어를 관심 있게 살펴보시면 거짓 שקר이라는 단어는 모두 발이 하나이거나 발의 끝이 뾰족합니다. 이것은 바르게 서 있을 수 없다는 말입니다. 반면에 진리 אמת라는 단어를 잘 보세요. 모든 문자의 다리가 두 개일 뿐만 아니라 아래 부분이 평평합니다. 이것은 진리 위에 기초를 두고 서 있으면 든든하다는 것을 가르쳐 줍니다(산헤드린 104a).

학생들이 유치원을 마치고 초등학교에 입학하게 됩니다. 유태인 초등학교에서 가장 중요한 과목이 무엇인지 아십니까? 그것은 바로 히브리어와 토라(모세오경)입니다. 그런데 특이한 것은 토라를 가르칠 때, 창세기부터 가르치는 것이 아니라 레위기부터 가르친다는 것입니다. 왜 그렇습니까? 하고 물으면 그들은 "하나님께서는 어린이들을 향하여 순결하다고 하셨습니다. 그리고 제물 또한 순전하고 순결하여야 한다고 하셨습니다. 그러므로 어린이들에게 순결한 제사를 가르쳐 순결한 마음을 유지하도록 하여야 하기 때문입니다. 그래서 정결한 어린이들이 정결함으로 계속하여 덧입도록 하여야 합니다"라고 대답합니다. 그래서 레위기를 가장먼저 가르친다는 것입니다(레위기 라바 7:3).

초등학교에서 그리스어를 공부해야 한다는 것에 대해서는 의견이 분분합니다. 그러나 특이하게도 대부분의 사람들이 그리스어를 가르치는 것을 반대하는 의견에 동의합니다.

어느 랍비는 그리스어나 그리스철학을 가르치는 것에 대하여 맹렬한 비난을 하고 있는 것을 탈무드에서 읽을 수 있습니다.

"자기 자녀에게 그리스 철학을 가르치는 사람은 저주받을지어다"(바바 카마쯔 82b).

왜 이렇게 비난하였을까요? 이러한 태도는 그리스 철학은 그것에 몰두하는 사람들의 정신을 혼란스럽게 만들기 때문이라고 하였습니다. 어느 랍비가 말한 것을 탈무드에서 읽어 보면 다음과 같습니다.

"나의 아버지께서 관계하시는 학교에는 천 명의 학생이 있었습니다. 그중 500명에게는 토라를 가르쳤습니다. 나머지 500명에게는 그리스어와 그리스 철학을 가르쳤습니다. 그런데 이상하게도 그리스 철학을 배운 학생들 가운데 남아 있는 사람은 나와 내 조카뿐이었습니다"(바바 카마쯔 83a).

그러나 그리스어와 그리스 철학과는 구분하여야 한다는 것이 일반적인 견해입니다(바바카마쯔 83a). 그리스어를 배우는 것에 대하여 많은 선생님들이 동의합니다. 노아가 자녀들에게 복을 간구한 내용을 주의 깊게 읽어보아야 합니다.

"하나님이 야벳을 창대하게 하사 셈의 장막에 거하게 하시고 가나안은 그의 종이 되게 하시기를 원하노라 하였더라"(창 9:27)

"야벳을 창대케 하사 셈의 장막에 거하게 하셨다"는 구문을 탈무드에서는 "야벳의 말들(그리스어)이 셈의 장막 안에 있도록 하라"(므길라 9b)로 번역하고 있습니다. 그 문장을 다음과 같이 번역합니다. 어느 랍비에게 어떤 분이 찾아와 아들에게 그리스어를 가르쳐도 되는지를 질문하였습니다.

그때 랍비는 여호수아 1장 8절의 말씀을 인용하면서 토라를 묵상하여야 하는 밤낮의 시간을 제외하고 남은 시간을 발견할 수 있다면, 그 시간에 가르쳐도 좋다고 말했습니다.

또 어떤 랍비는 딸에게 그리스어를 가르쳐도 된다고 하였습니다. 왜냐하면 딸이 교양 있는 사람이 되기 때문이라고 하였습니다.(페아 15c).

탈무드는 교육분야 하나 하나까지 세심하게 토론하고 주의를 기울이는 것을 볼 수 있습니다. 현대 교육인들 또한 기교와 기술의 습득을 강조할 것이 아니라 기본을 바르게 세우는 교육을 하여야 할 것입니다.

탈무드가 말하는 네 부류의 학생

교실에서 선생님 앞에 앉아있는 학생을 분류하여 보면 네 부류의 학생들이 있다고 탈무드는 말합니다.

"첫째, 빨리 이해하고 빨리 잊어버리는 학생, 배우자마자 잊어버리는 학생이다.
둘째, 어렵게 이해하고 어렵게 잊어버리는 학생, 잊어버리면서 늦게 배우지만, 알게 되면 늦게 잊는 학생이다.
셋째, 빨리 이해하고 어렵게 잊어버리는 학생, 가장 바람직한 학생이다.
넷째, 어렵게 이해하고 빨리 잊어버리는 학생, 이

러한 학생은 열등생이다"(피르케이 아보트 5:15).

탈무드는 또 다른 분류 방법을 제시하고 있습니다. 교실에는 네 종류의 마음을 가진 학생이 있다고 말합니다.

"첫째, 스펀지와 같은 성향의 학생이 있다. 이런 학생은 무분별하게 무조건 받아들이는 학생이다.
둘째, 깔때기와 같은 성향을 가진 학생이 있다. 이런 학생은 한쪽 끝은 교실 안에 한쪽 끝은 교실 밖에 있는 학생이다. 모든 것을 흘려보내고 남는 것이 없다.
셋째, 여과기와 같은 성향을 가진 학생이 있다. 알맹이는 내보내고 찌꺼기만 모으는 학생이다.
넷째, 체와 같은 성향을 지닌 학생이 있다. 알맹이는 거두어들이고 쭉정이는 버리는 학생이다. (피르케이 아보트 5:18)

하나님 앞에서 예배하며 성경을 배우는 학생인 우리의 자세는 어떠한지요?

탈무드에서 발견되는 문제 한 가지

탈무드에서 우리가 고려하고 넘어야 할 한 가지 문제가 있습니다. 그것은 여성 교육에 관한 문제입니다. 어떤 랍비들은 여인들에게 교육을 받도록 하여야 한다고 말합니다. 그러나 그 반대 의견 또한 만만치 않습니다. 어느 랍비는 말하였습니다.

"사람은 딸에게 토라를 가르쳐야 한다."

그러나 어떤 랍비는 말하였습니다.

"딸에게 토라를 가르치는 사람은 그 딸에게 외

설을 가르치는 것과 같다"(소타 3:4).

후자의 견해가 좀더 일반적인 견해로 많은 사람들의 지지를 얻었습니다.
성경 신명기 6장 7절을 읽어보면 다음과 같은 말씀이 있습니다.

> "네 자녀에게 부지런히 가르치며 집에 앉았을 때에든지 길을 갈 때에든지 누워 있을 때에든지 일어날 때에든지 이 말씀을 강론할 것이며"(신 6:7)

이 구절에 나오는 자녀라는 단어는 문자적으로 아들들이기 때문에 자녀들이 아니라 아들들이라고 해석하여야한다고 합니다(키두신 30a). 그러나 성경에 나오는 아들들이라는 단어는 아들만을 가리키는 것이 아니라 자녀를 가리키는 것이 일반적이라는 것을 잊어서는 안 됩니다. 어떤 극단적인 랍비는 아주 극단적인 주장을 하기도 하였습니다. 그는 다음과 같이 말하였습니다.

"토라를 여자에게 가르치기보다는 불로 태워버리는 것이 낫다"(소타 19a).

한 여인이 랍비에게 찾아와 다음과 같이 질문하였습니다.

"금송아지에 관하여 자세하게 설명하여 주십시오."

랍비가 대답하였습니다.

"여인은 물레질하는 방법을 제외한 다른 것은 배울 필요가 없다"(조마 66b).

여기에 언급된 교육이나 가르침은 기본적인 교육을 말하는 것이 아니라 전문적인 교육을 말하는 것입니다. 많은 사람들이 탈무드의 이러한 구절 몇 개를 읽은 다음 탈무드는 성차별을 심하게 한다고 주장하기도 합니다.

그러나 그것은 오해입니다. 앞에서 언급된 바와

같이 한 부류만 제외한 나머지 모든 종교적 책임은 남녀에게 똑같이 부과됩니다. 결론적으로 교육에 있어서는 여성이나 남성을 구분할 필요가 없습니다. 똑같이 교육을 받아야합니다. 그러나 여인이 남성의 것을 하기 위하여 남성이 여성의 것을 이루기 위하여 특별히 교육을 받을 필요는 없다는 것입니다. 남녀는 구별되었으며, 그 구별 속에서 평등을 찾으라는 것입니다. 구별된 선을 넘어 반대의 어떤 것을 이루려는 것은 잘못되었다는 것입니다. 탈무드가 기록될 당시 환경을 이해하면서 해석하여야 할 것입니다.

그 당시 상황에서 여인은 주로 가정에서 활동하였습니다. 그러므로 가정의 사역을 뒤로 미룬 채 공부하는 것에 전념하는 것은 바람직하지 못하다는 것입니다.

물론 여성이 진보적인 교육을 받는 것에 대하여 반대하는 몇 가지 다른 이유가 있는 것 또한 사실입니다. 이것 또한 그 당시 상황을 이해하면 쉽게 이해할 수 있을 것입니다. 이스라엘의 종교지도자들의 눈에 비친 그리스 로마 시대에 교육을 받은 여인들은 남성과 가깝게 되고 도덕적 방종을 부추기는 사람들처럼 보였습니다. 이러한 상황에서 여인이 교육을 받는 것은 '외설'이라고 하였던 것입니다.

또한 여성들이 종교교육을 받은 후 광신도가 되어 자신이 믿는 종교에 맹신하게 되어 독신생활을 하게 되면 가정과 나라가 어떻게 될 것인가를 염려하였던 것입니다. 그리고 탈무드는 독신 생활을 하는 것은 하나님의 뜻을 잘못 이해한 것이라고 하였습니다. 하나님께서 정하여 주신 결혼제도를 망가뜨리는 것으로 이해하였기 때문에 교육을 조심성 있게 하여야 한다는 것이지 무지한 여인을 만들라는 말은 아닙니다.

탈무드는 교육받은 사람, 특히 종교 교육을 받은 여인, 광적인 믿음의 여인, 바리새인에 속하는 여성을 세상을 파괴하는자라고 비난하기도 합니다. 현대에도 그릇된 종교 교육을 받으므로 인하여 이단 사설에 미혹을 받아 그릇된 종교로 넘어가는 여인들을 볼 수 있습니다. 이러한 여인은 가정과 공동체와 나라를 파괴하는 사람입니다.

가정이 무너지면 공동체가 무너지고, 공동체가 무너지면 나라도 무너집니다. 이러한 광적인 성향으로 나타나는 것을 방지하기 위해 랍비들은 여인들이 토라 교육에 너무 몰입하는 것에 반대하는 태도를 가졌던 것이지 여인을 차별해서 그렇게 한 것은 아닙니다.

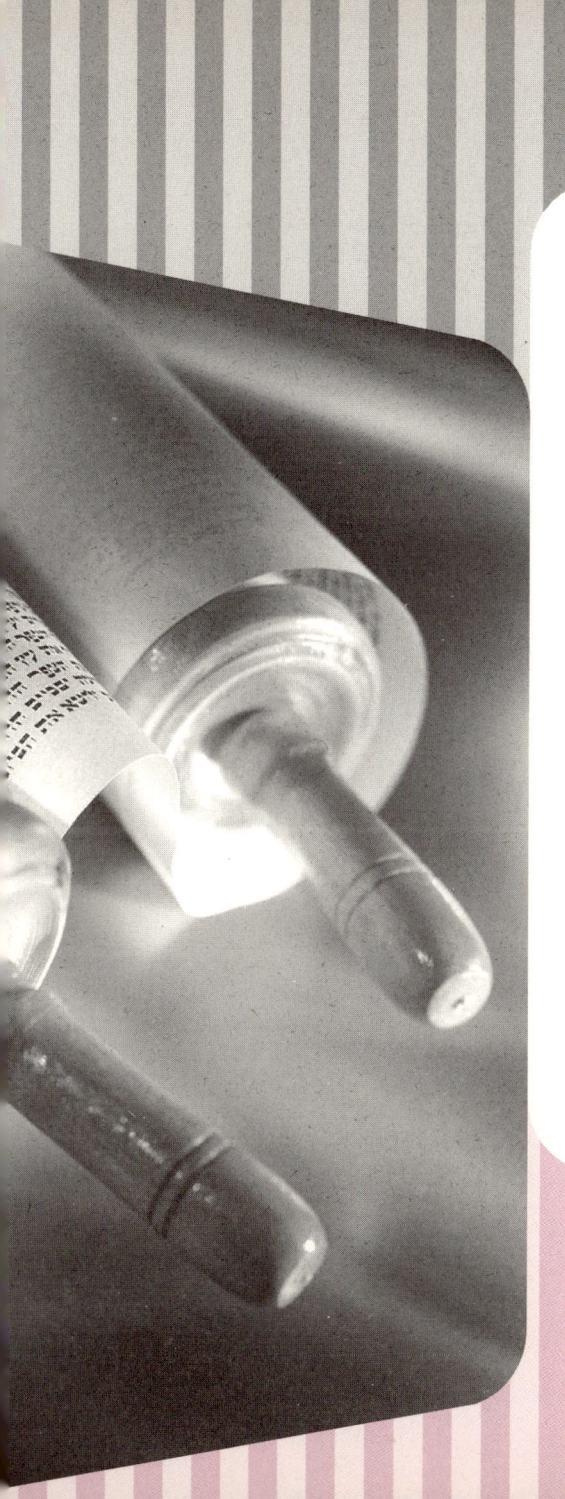

Family in the Talmud

05

토라가 말하는

부모님을 향한 자녀의 의무

특별한 효도

탈무드는 부모님을 공경하는 것이 가장 중요한 종교적 의무라고 가르치고 있습니다. 탈무드가 가르치는 많은 교훈 가운데 중요한 것 한 가지가 바로 효도입니다. 사람이 효도를 하면 현세에서 효도의 열매를 누릴 수 있으며 오는 세상을 위하여서도 귀중한 재산으로 남는다고 합니다(페아 1:1).

특별히 성경은 부모님을 공경하는 것과 하나님을 경외하는 것을 동일시한다고 느낄 정도로 강조하여 가르치고 있습니다. 부모님 공경에 대한 성경 말씀을 읽어보십시오.

"공경하라! 너의 아버지를 그리고 너의 어머니를……"(출 20:12 원문 직역).

"너희들 각 사람은 그의 어머니를 그리고 그의 아버지를 두려워하라(경외하라)"(레 19:3 원문 직역).

"네 재물과 네 소산물의 처음 익은 열매로 여호와를 공경하라"(잠 3:9).

"네 하나님 여호와를 경외하라"(신 6:13, 키두신 30b).

위의 처음 두 절은 부모님을 경외하는 것에 대한 구절입니다. 따라오는 두 구절은 하나님을 경외하라는 구절입니다. 어떻게 읽으면 부모님을 경외하는 것이 하나님을 경외하는 것보다 더 엄하게 명령하는 듯이 보여질 수도 있습니다.

탈무드를 읽어보면 부모님 경외에 대하여 강조하는 구문을 읽을 수 있습니다. 탈무드 페아 15d를 읽어보면 다음과 같은 구절이 있습니다.

하나님을 공경하는데 무엇으로 공경하라고 가르치고 있습니까?

"성경은 재물과 소산물의 처음 익은 것으로 하나님께 드리라고 말합니다. 탈무드는 이삭, 논 한마지기, 십일조, 가난한 자에 대한 자선과 같이 하나님의 법을 수행할 때 규례에 맞게 내는 것처럼, 하나님이 네게 주신 것으로 공경하라"

고 가르칩니다. 그런데 이러한 계명을 수행할 능력이 있으면 수행하고 수행 할 능력이 없으면 꼭 하지 않아도 된다고 가르칩니다. 왜 그렇습니까? 없는데 어떻게 할 수 있느냐 하는 것입니다.
그러나 부모님을 공경하는 데는 그렇지 않다는 것입니다. 그렇게 할 수 있는 여유가 있든지 없든지 문제되지 않는다는 것입니다. 자녀는 비록 문전걸식하는 자리에 있을지라도 부모님을 공경하여야 한다는 것이 탈무드의 가르침입니다.

그러나 하나님 공경이 부모님 공경보다 앞서는

경우가 있습니다. 그것은 부모가 하나님의 말씀을 어겼을 때입니다. 부모가 하나님의 말씀을 지키지 않는 경우를 제외하고는 어떤 경우라도 부모님을 공경하여야 합니다. 비록 부모님이 자녀들에게 자신을 모독하라고 명령하든지, 부모님이 발견한 유실물을 주인에게 반환하지 말라고 명령하더라도 그 말씀을 따라야 합니다.

성경 레위기 19장 3절을 읽어보면 "너희 각 사람은 그의 어머니와 그의 아버지를 경외하고 나의 안식을 지키라"는 말씀이 있습니다. 이 말씀은 너희들 모두는 나 여호와를 공경하는 것처럼 너희의 부모를 공경하여야 한다는 귀중한 가르침입니다 (예바모트 6a).

하나님과 부모님을 공경하라는 가르침에서 사용된 두 단어를 정의하는 것이 필요하다고 생각합니다.
바로 '경외'와 '공경'이라는 상이한 두 단어가 사용되었다는 것입니다. '경외'란 어른의 자리에서지도 앉지도 않고, 어른의 말씀은 어떤 말씀이든 거역하지 않고, 어른의 뜻에 반대하지 않는다는 의미를 가지고 있습니다.

또한 '**공경**' 이라는 말은 어른께 의식주를 제공해 줄 뿐 만 아니라 들고 나실 때마다 어려움이 없도록 돕는다는 의미를 가지고 있습니다(키두신 31b).

눈에 보이는 부모님을 공경하는 것이 곧 눈에 보이지 않는 부모인 '하나님'을 경외하는 것이라는 탈무드의 가르침을 바르게 이해하여야 합니다. 그러므로 육적인 부모를 공경하지 않는 사람이 어찌 영적인 부모인 하나님을 경외할 수 있는가?라고 탈무드는 묻습니다.

부모님을 공경하는 교육을 바르게 하여야 모든 교육이 바르게 세워질 수 있다는 가르침입니다.

우리의 어머니 아버지

하나님께서 부모님을 공경하라고 가르친 귀중한 가르침을 읽어 보면 특이한 점을 발견할 수 있습니다. 먼저 출애굽기 20장에 나오는 말씀을 읽어보면 아버지가 먼저 나옵니다. 그러나 레위기 19장의 말씀을 읽어보면 어머니가 먼저 나옵니다. 탈무드는 왜 순서가 다른지에 대하여 설명하며 큰 의미를 부여하는 것을 볼 수 있습니다. 먼저 성경의 두 절을 주의 깊게 읽어 보도록 합시다.

"공경하라! 너의 아버지를 그리고 너의 어머니를……"(출 20:12 원문직역).

"너희 각 사람은 그의 어머니를 그리고 그의 아버지를 두려워하라(경외하라)"(레 19:3 원문직역).

여러분은 어떤 특이한 점을 발견하셨습니까? 먼저 아버지 어머니의 순서가 다른 것을 발견했을 것입니다. 그리고 출애굽기에서는 '공경하라' 인데 레위기에서는 '두려워하라' 또는 '경외하라'고 기록된 것을 발견하였을 것입니다. 탈무드는 이러한 차이점을 설명하고 있습니다.

온 세상과 그 안에 있는 모든 것과 사람과 사람의 마음을 창조하신 하나님은 모든 것을 완전하게 아시고 계십니다. 사람의 마음까지도 정확하게 아십니다. 일반적으로 사람의 성향을 보면 사랑으로 보살피는 어머니를 두려워하지 않으며, 위엄을 가지고 토라를 교육하시는 아버지를 공경하려 하지 않습니다. 하나님께서는 이러한 성향을 아시고 공경하라고 말씀하실 때는 아버지를 먼저 기록하고, 두려워하라고 말씀하실 때는 어머니를 먼저 기록하였다는 것입니다.

다시 말해서 출애굽기에서는 어머니를 좋아하며 공경하고 따르는 것처럼 아버지도 그렇게 공경하라는 것을 강조하기 위하여 아버지가 먼저 나온 것이며, 레위기에서는 아버지를 두려워하는 것처럼 어머니 또한 두려워 하여야한 다는 것을 강조하기 위하여 어머니가 먼저 기록 되었다는 것입니다(키두신 30b).

부모님께 효도하라는 말씀을 이처럼 해석하는 것은 아버지와 어머니를 동등하게 공경하고 두려워하라는 가르침입니다. 그런데 어머니와 아버지께서 하시는 말씀이 반대이거나 같은 것을 동시에 명령하실 때 어떻게 하여야 하는지에 대하여 탈무드가 규정하는 것을 읽어 보면 흥미롭습니다.

한 사람이 랍비에게 묻습니다.

"나의 아버지가 저에게 물을 가져오라 하십니다. 그런데 공교롭게 바로 그 순간 어머니가 동시에 물을 가져 오라 하십니다. 어느 분에게 물을 먼저 갔다 드려야합니까?"

랍비의 대답을 들어 보면 다음과 같습니다.

"아버지께 먼저 물을 가져다 드려라! 왜냐하면 너와 너의 어머니 모두 아버지, 남편을 공경하여야 하기 때문이다."(키두신 31a)

탈무드는 이와 같이 아버지의 말씀이 우선이라고 가르치고 있지만, 그것은 어디까지나 말씀이 충돌되는 상황일 때만 적용된다고 가르칩니다.

부모님을 공경하는 것은 하나님의 복을 받는 비결

부모님을 공경하는 자녀가 있는 가정은 하나님의 임재를 경험하는 은혜를 받습니다. 한 사람이 그의 아버지와 어머니를 공경할 때, 거룩하시고 복 주시는 하나님께서 다음과 같이 말씀하신다고 탈무드는 기록하고 있습니다.

"한 가정에서 자녀가 부모님을 공경하는 것은 바로 내(하나님)가 그 가정에 거주하는데 나(하나님)를 공경하는 것과 같다."

그러나 부모님을 곤경에 빠지게 하는 자녀를 둔 가정을 바라보시는 하나님은 다음과 같이 말씀하신다고 탈무드는 기록하고 있습니다.

"내(하나님)가 그들의 가정에 머무르지 않기를 잘했다. 내(하나님)가 그 가정에 있었다면 그들이 나(하나님)를 곤경에 빠뜨렸을 것이다"(키두신 30b).

부모님이 자녀와 함께 있을 때, 부모님이 자녀들을 몹시 화나게 만들지라도 자녀는 화를 내어서는 안 되며 부모님을 공경하지 않는 어떤 행동이나 일을 해서는 안 됩니다. 어떤 사람이 찾아와 랍비에게 질문하였습니다.

"그렇다면 어느 정도로 부모님을 공경하여야 합니까? 어느 정도까지 참아야 합니까?"
탈무드에서 그 대답을 찾아 읽어 보십시다.

"아버지가 아들과 함께 바닷가에 갔는데, 아버지가 갑자기 돈이 들어있는 지갑을 주머니에서 꺼냈다. 아들이 보는 앞에서 그 지갑을 바다에 던지려고 한다. 아들은 그것을 못하도록 막아서거나 말려서는 안 된다"(키두신 32a).

탈무드는 부모님이 하나님의 말씀을 어기는 일을 할 때는 따르지 않아도 된다고 하였습니다. 그러면 부모님이 하나님의 말씀을 어길 때에는 자녀들이 어떻게 반응하여야 합니까? 탈무드가 가르치는 대답을 보면 다음과 같습니다.

""아버지! 지금 아버지께서는 하나님의 말씀을 그릇되게 행하시고 계십니다"라고 말하지 말라! 대신에 이렇게 말하라! "아버지! 하나님의 말씀에 이러이러하게 기록되어 있습니다." 혹시 이 말씀에도 기분이 언짢아하시면 너의 아버지께서 스스로 결정을 내리시도록 말겨두라! 그리고 간섭하지 말라!"(키두신 32a)

또한 탈무드는 자녀가 부모님을 공경할 때, 실제적으로 공경하는 모습을 보여주는 것도 매우 중요하지만, 무엇보다 부모님을 공경하려는 자녀들의 마음이 중요하다고 합니다. 이 말씀은 행위보다 마음이 더 중요하다는 것을 가르치는 귀중한 말씀입니다. 아버지와 아들의 관계에서 좋은 일을 행하고도 지옥 가는 아들이 있는가하면, 남들이 보기에 좋지 않은 일을 하고도 천국 가는 사람이 있다고 말하는 이야기가 있습니다. 어떤 일을 했다고 해서 천국가고 지옥 가는 것이 아니라, 마음의 중심이 중요하다는 이야기입니다. 탈무드가 말하는 이야기의 내용은 이렇습니다.

> "아버지를 공경하여 살찐 고기를 드시도록 한 아들도 지옥 가는 사람이 있다. 반면에 아버지를 방앗간에 가게 해서 방아를 찧게 하여도 천국 가는 사람이 있다."

이 이야기를 들은 한 사람이 랍비에게 찾아와 "어떻게 그런 일이 있을 수 있습니까?"라고 질문하였습니다. 이 질문에 대한 대답을 탈무드에서 읽어 보십시오.

아버지께 고기를 드시도록 했으나 지옥에 간 아들의 경우는 이렇습니다.
아버지가 아들에게 묻습니다.
"아들아, 어디서 이런 고기를 구해 왔느냐?"
아들은 대답합니다.
"아버지, 아무 말씀마시고 잡수시기나 하세요! 개들도 잠자코 잘 먹고 있잖아요!"

하지만 방앗간에서 아버지에게 일을 시킨 아들의 경우는 이렇습니다.

아들이 방아를 찧고 있을 때, 왕으로부터 방아꾼을 잡아 오라는 명령을 받은 사람이 왔습니다. 아들은 "아버지는 방아를 찧고 계세요. 제가 잡혀 가겠습니다. 모욕과 수치를 당하여도 제가 당하는 것이 나으며, 매를 맞고 고문을 당하여도 제가 당하는 것이 낫습니다"라고 했습니다(페아 15c).

아무리 맛있는 음식으로 아버지를 대접하여도 마음에 즐거움과 공경하는 마음이 없이 의무로 한다면 그것은 불효입니다. 반대로 아버지에게 일을 시키는 것이 잡혀가서 고생하는 것보다 낫기 때문에 아버지를 공경하고 사랑하는 마음으로 아버지께 일을 시키는 것은 부모님을 공경하는 것이며 효도하는 것입니다. 그러므로 전자는 지옥으로 후자는 천국으로 간다는 것이 탈무드의 설명입니다.

아스칼론에 사는 이방인 다마의 효도

부모님에 관한 효도와 관련된 이야기는 어느 나라에나 많이 있습니다. 효도와 관련된 가장 유명한 이야기는 유태인과 관련된 이야기가 아닙니다. 다음의 이야기를 보십시다.

한 유태인이 랍비를 찾아와 질문합니다.
부모님을 공경하는 데 어느 정도까지 하여야 합니까? 랍비는 이방인이 효도하는 이야기를 통하여 귀한 가르침을 주고 있습니다. 랍비는 그 사람을 아스칼론으로 보내면서 말합니다.

"가서 느티나의 아들 다마가 부모님에게 어떻게 행하는지를 보시오!"

그는 랍비가 말한 대로 아스칼론에 있는 다마의 집으로 가서 그가 행하는 한 가지 일을 보았습니다.

현인들이 에봇을 만드는데 붙일 보석을 구하려 다마의 집으로 왔습니다.

"당신이 보석을 가지고 있다는 소식을 들었습니다. 우리가 60미리아드의 이익을 남기도록 주겠습니다."

그러자 또 한 사람은 "80미리아드 이윤을 남겨 드리겠습니다"라고 말하였습니다.

다마는 말하였습니다.

"저에게 그 보석이 있습니다. 그 보석은 보석 상자에 들어 있는데, 아버지께서 베고 주무시는 베개 밑에 그 열쇠가 있습니다. 아버지가 주무시는 것을 깨울 수 없기 때문에 당신의 친절한 제안을 거절할 수밖에 없습니다."

이것을 본 유태인은 놀라지 않을 수 없었습니다. 아버지를 이렇게까지, 이 정도까지 공경하여야 하는구나! 하며 놀라 돌아서 왔습니다.

그는 더 놀라운 소식을 그 다음 해에 듣게 되었습니다. 그러한 일이 있었던 다음 해에 하나님께서 다마의 가정에 큰 복을 주시기 위하여 붉은 송아지44) 한 마리가 태어나게 만들어 주셨습니다. 그런데 이스라엘의 현인들이 일 년 된 붉은 송아지가 필요하여 다마의 집을 방문하게 되었습니다. 그때 다마는 말하였습니다.

"나는 당신들에게 이 세상에 있는 돈을 모두 요구할 수도 있고 당신들은 그 많은 돈을 저에게 줄 것이라고 생각하지만 저는 지난번에 아버지께서 주무실 때 아버지를 공경하느라고 보석을 팔지 못하였던 것으로 인하여 손해 보았던 금액만 받겠습니다"(키두신 31a).

---

44) 민수기 19장의 정결규례를 참고하여 보십시오. 문헌들의 정보에 의하면 붉은 송아지는 값이 아주 비쌌다고 합니다.

효도는 부모님과 자녀의 마음의 관계

　제가 초등학교에 다닐 때 선생님으로 부터 들었던 효도에 관한 이야기가 있어서 소개하려고 합니다.

　한 마을에 효자로 이름난 아들과 불효자로 이름난 아들이 있었습니다. 불효자로 소문난 아들이 효자로 소문난 아들을 찾아와 묻습니다.

　"어떻게 하면 효자가 될 수 있는가? 나도 효자가 되고 싶다네, 나는 최선을 다하여 부모님을 섬긴다고 하는데 부모님 마음에 들지 않는다네! 어떻게 하면 나도 자네처럼 효자가 되겠는가? 구체적으로 한 가지만 가르쳐 주게!"

효자로 소문난 친구가 말합니다.

"나는 특별하게 하는 것이 없다네! 특별히 가르쳐 줄 것도 없는데 어쩌나 하면서 한 가지 사건을 이야기해 주었습니다.

한 겨울에 아버지께서 외출하셨다가 저녁 늦게 집에 돌아 오실 때가 종종 있었다네! 그때 내가 아버지 방에 이불을 펴고 차가운 이불 속으로 들어가서 이불을 따뜻하게 데워 놓으면 아버지께서 돌아 오셔서 따뜻해진 이불 속에서 안락하게 주무실 수 있도록 한다네!"

이 이야기를 들은 불효자로 소문난 아들은 집으로 돌아 왔습니다. 마침 그날 저녁 아버지께서 늦게 돌아 오신다고 했습니다. 불효자로 소문난 아들은 배운대로 실천해 보기로 했습니다. 차가운 이부자리를 방바닥에 펴고 차가운 이불 속으로 들어가 이부자리를 데우고 있었습니다. 그때 아버지께서 돌아 왔습니다.

아버지는 아들이 자기 이부자리 속에 들어가 있는 것을 보면서 호통을 쳤습니다.

"이 불효자식아 아버지 자리가 그렇게 탐나느냐? 아버지가 죽기를 원하느냐? 어찌 아버지 이불 속에 들어가 있느냐?"

불효자로 소문난 아들은 효도 하고 싶었으나 그의 행위는 받아들여지지 않았습니다. 오히려 아버지를 화나게 하는 행위가 되고 말았습니다.

효도는 부모님과 자녀의 마음의 관계이며, 이해하는 관계이지 행위 자체가 문제되는 것은 아닙니다.

효도는 마음과 마음이 연결될 때 아름다운 모습으로 나타납니다. 행위 자체가 효도를 만드는 것은 아닙니다.

부모님과 자녀는 열린 마음을 가지고 상대의 행위를 이해할 때 멋진 부모님, 아름다운 자녀가 될 수 있습니다. 그때 아름다운 가정, 행복한 가정이 될 것입니다.

랍비들의 효도

몇몇 랍비들은 그들의 어머니를 특별하게 공경하는 효성으로 유명한 이름을 남겼습니다. 한 랍비는 그의 어머니의 발자국 소리를 듣게 되었을 때, "쉐키나45) 앞에 제가 서 있습니다"라고 외치곤 했답니다(키두신 31b).

랍비 타르폰의 일화에 관한 몇 가지 이야기가 있습니다.

타르폰은 어머니가 침대에 올라가실 때나, 침대에서 내려오실 때, 그는 침대 옆에 엎드려서 어머니가 자신의 등을 계단처럼 밟고 편안하게 오르내

---

45) 하나님의 임재를 말하는 히브리어 단어입니다.

리도록 하였습니다. 또한 안식일에 어머니가 정원으로 내려가셨는데 그만 신발이 벗겨지자 그는 자기 양손을 어머니의 발바닥 밑에 번갈아 가면서 받쳐드렸습니다. 타르폰의 어머니는 발을 땅에 대지 않고 침대까지 이를 수 있었습니다.

타르폰과 관련된 또 하나의 이야기가 있습니다.
타르폰이 병들어 자리에 눕게 되었습니다. 효도하기로 유명한 많은 랍비들이 병문안을 위하여 왔습니다. 그때 타르폰의 어머니는 랍비들에게 아들의 효성을 자랑하면서 말하였습니다.

"나의 효성스러운 아들을 위하여 기도해주십시오."

그때 랍비들은 어머니에게 물었습니다.

"랍비 타르폰이 어떻게 효도하였습니까?"

어머니가 위에 있는 사건을 예로 들어 아들을

병문안 온 랍비들에게 이야기 하였습니다. 그런데 그들은 그토록 놀라운 효도에 대하여 놀라지도 않으면서 더 놀라운 말을 타르폰의 어머니에게 하였습니다.

> "어머니! 타르폰이 어머니에게 효도 한 것보다 천의 천 배를 더했다고 하여도, 이렇게 효도하라고 가르치는 토라의 말씀을 반도 이루지 못한 것입니다"

어머니는 너무 놀라서 말문이 막히고 말았습니다. 그리고 어머니는 고백하였다고 합니다.

> "하나님! 나는 나의 아들이 나에게 행한 효도보다 반의 반도 못되게 하나님께 효도하였습니다. 하나님 저는 어떻게 하여야 합니까?"

그 어머니에 그 아들이었습니다(페아 15c).

탈무드가 가르치는 진정한 효도는 어떤 것입니까?

한 어머니가 계셨습니다. 그 어머니는 교양이 부족하여 인사치레는 고사하고 아는 것도 제대로 행하는 적이 없는 특이한 분이었습니다. 그러나 그러한 어머니에게 귀중한 아들이 있었습니다. 그 아들은 시의회 의장이었습니다.

어느 날 시의회 의원들이 한 자리에 모여서 회의를 하고 있었습니다. 많은 회중들도 있었습니다.

그때 그 의장의 어머니가 회의실로 들어오셨습

니다. 그곳에서 어머니는 슬리퍼를 가지고 아들의 얼굴을 때리다가 그만 그 슬리퍼를 놓치고 말았습니다. 그러자 의장인 그녀의 아들은 얼른 자리에서 일어나 슬리퍼를 주워 어머니에게 드렸습니다. 어머니의 수고를 덜어 드리기 위하여 자신이 얼른 일어나 슬리퍼를 주워 왔던 것입니다(페아 15c).

다른 어느 날, 한 랍비는 금으로 수를 놓아 만든 아주 값진 비단 옷을 입고 로마 관원들과 함께 앉아 있는데 어머니가 들어오셨습니다. 어머니는 아들의 귀중한 옷을 갈기갈기 찢고, 머리를 때리고, 얼굴에 침을 뱉으며 모욕을 주었습니다. 그러나 그 아들은 어머니에게 조금도 반항하는 기색이나 못마땅해 하는 표정이나 서글픈 기색이 전혀 없었습니다(키두신 31a).

그러면 부모님께서 살아계실 때만 공경하면 됩니까? 아닙니다. 부모님께서 돌아가신 다음에도 공경하며 효도하여야 합니다. 사람은 부모님의 생전이나 사후나 언제든지 공경하여야 합니다. 아버지가 사망하였는데 아버지에 관하여 말할 기회가 주어졌다면, 다음과 같이 말하라고 탈무드는 가르치고 있습니다.

> "나의 아버지는 이렇게 말했다고 말하지 마라! 이렇게 말하라!
> '제 스승이신 아버지께서는 이와 같이 말씀 하셨습니다.'
> 그리고 아버지께서 돌아가신지 12개월이 안 되었다면, '제가 아버지의 사망을 속죄할 수 있다면 얼마나 좋겠는가?'라고 말하라! 그러나 12개월이 지나면, '아버지의 기억은 저에게 영원한 복으로 남아 있을 것입니다'라고 말하라"(키두신 31b).

가정은 무엇입니까? 여러분은 이제 무엇이라고 정의 하시기를 원하십니까?

가정은 작은 교회(회당)이요, 작은 학교요, 작은 국가입니다.

그러므로 가정에서 부모님은

자녀를 바르게 사는 사회인으로 세우는 교육자요,
하나님의 자녀로 세우는 선지자이며,
하나님의 뜻을 이루는
하나님의 동역자로 세우는 인도자입니다.

결론적으로 유일신 신앙을 세우는 교회(회당)이요, 학교인 것입니다. 그러므로 다음과 같은 교육목표를 가지고 교육하여야 합니다.

하나님만 경배 – 하나님의 형상을 닮은 사람으로 살아야 합니다.
하나님의 창조목적에 맞게 살면 – 무한한 잠재력이 있으며 가능성과 소망이 있습니다.

이것이 가정교육의 힘이며 능력입니다.

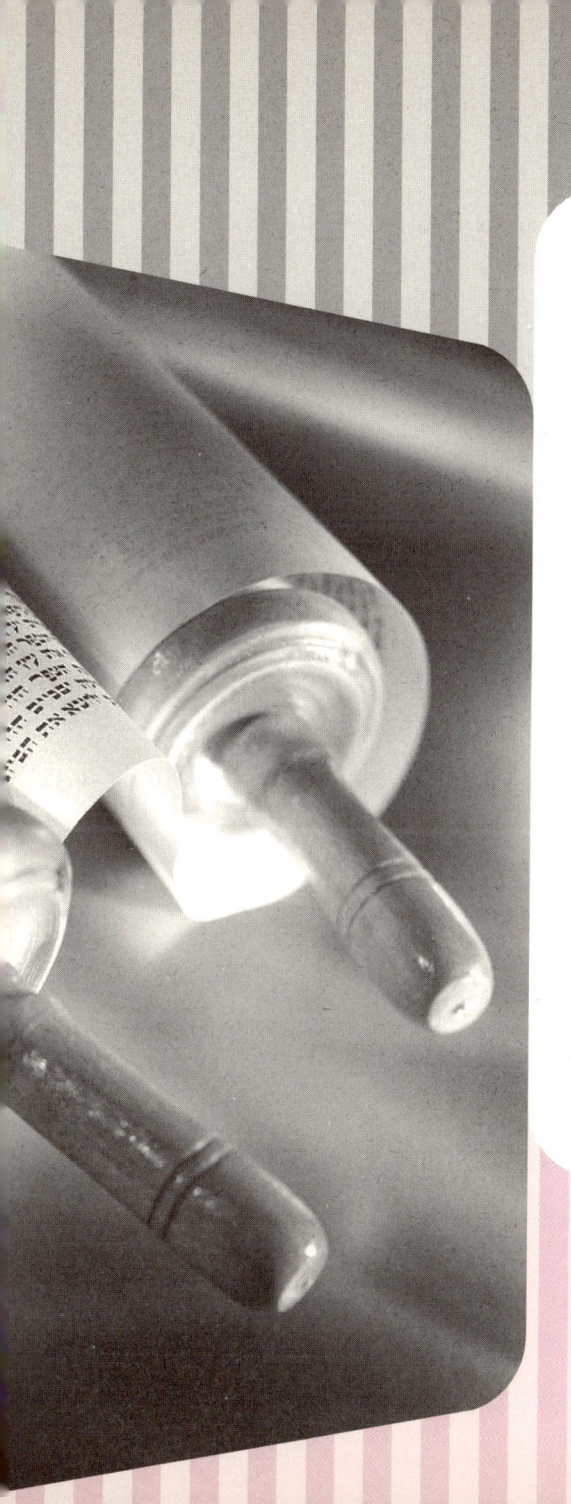

Appendix

탈무드의 본문,
미쉬나의
구성체계

זְרָעִים	—	בְּרָכוֹת, פֵּאָה, דְּמַאי, כִּלְאַיִם, שְׁבִיעִית, תְּרוּמוֹת, מַעַשְׂרוֹת, מַעֲשֵׂרִי שֵׁנִי, חַלָּה, עָרְלָה, בִּכּוּרִים
מוֹעֵד	—	שַׁבָּת, עֵרוּבִין, פְּסָחִים, שְׁקָלִים, יוֹמָא, סֻכָּה, בֵּיצָה, רֹאשׁ הַשָּׁנָה, תַּעֲנִית, מְגִלָּה, מוֹעֵד קָטָן, חֲגִיגָה
נָשִׁים	—	יְבָמוֹת, כְּתוּבוֹת, נְדָרִים, נָזִיר, סוֹטָה, גִּיטִין, קִדּוּשִׁין
נְזִיקִין	—	בָּבָא קַמָּא, בָּבָא מְצִיעָא, בָּבָא בַתְרָא, סַנְהֶדְרִין, מַכּוֹת, שְׁבוּעוֹת עֵדִיוֹת, עֲבוֹדָה זָרָה, אָבוֹת, הוֹרָיוֹת
קָדָשִׁים	—	זְבָחִים, מְנָחוֹת, חוּלִין, בְּכוֹרוֹת, עֲרָכִין, תְּמוּרָה, כְּרִיתוֹת, מְעִילָה, תָּמִיד, מִדּוֹת, קִנִּים
טָהֳרוֹת	—	כֵּלִים, אֳהָלוֹת, נְגָעִים, פָּרָה, טָהֳרוֹת, מִקְוָאוֹת, נִדָּה מַכְשִׁירִין, זָבִים, טְבוּל יוֹם, יָדַיִם, עוּקְצִין

מִשְׁנָה

미쉬나

- **즈라임** — 버라호트, 페아, 드마이, 킬라임, 쉐비이트, 테루모트, 미아세로트, 미아세르 쉐니, 할라, 오르라, 비쿠림

- **모애드** — 샤바트, 에루빈, 페싸힘, 쉐칼림, 요마, 쑤카, 베짜, 로쉬하샤나, 타니트, 므길라, 모에드 카탄, 하기가

- **나쉼** — 에바모트, 커투보트, 너다림, 나지르, 쏘타, 키틴, 키두쉰

- **너지킨** — 바바 카마, 바바 메찌아, 바바 바트라, 산헤드린, 마코트, 쉐브오트, 에두요트, 아보다 자라, 아보트, 호라이요트

- **코다쉼** — 제바힘, 므나호트, 훌린, 베호로트, 아라힌, 트무라, 케리토트, 메일라, 카미드, 미도트, 키님,

- **토하로트** — 켈림, 오홀로트, 너가임, 파라, 토호로트, 미크바오트, 니다, 마흐쉬린, 자빔, 트불 욤, 야다임, 우크쩬

Ⅰ. 즈라임(זרעים ; 씨앗, 원리)

미쉬나의 첫 번째 부분으로 하나님 안에서 생활하는 삶의 원리가 되는 기본적인 주제 11 가지를 다루고 있습니다.

1. 버라호트 Berachoth '감사 기도', '축복의 선포', 약자는 Ber.

기도와 예배에 관한 규정으로 9장으로 이루어지며 바벨론 탈무드와 팔레스타인 탈무드 모두에게 마라가 있습니다.

2. 페아 Peah '경작지의 구석진 곳', 약자는 Pea.

레위기 19:9에 나오는 경작지의 구석진 곳에 관한 법으로부터 발생하는 문제를 다루고 있으며 8장으로 이루어지며 게마라는 팔레스타인 탈무드에만 있습니다.

3. 드마이 Demmai '의심스러운' 약자는 Dem.

제사장에게 십일조를 드리지 않은 것으로 의심되는 사람으로부터 구입한 곡물이나 기타 물건에 대하여 처리하는 방법을 다루고 있으며 7장으로 이루어지며 게마라는 팔레스타인 탈무드에만 있습니다.

4. 킬라임 Kilayim '종자를 혼합하는 것', '섞음', 약자는 Kil.

식물의 씨앗을 혼합하거나 서로 다른 종류의 동물을 혼성 교배하는 것과 직물을 짤 때 여러 가지를 섞어 짜는 것을 금지하는 규정을 다루고 있으며(레위기 19:19) 9장으로 이루어지며 게마라는 팔레스타인 탈무드에만 있습니다.

5. 쉐비이트 Shebiith '일곱 번째', '안식년', 약자는 Sheb.

안식년에 관한 규례를 다루고 있으며(출애굽기 23:11, 레위기 25:2-7, 신명기 15:1-11) 10장으로 이루어지며 게마라는 팔레스타인 탈무드에 있습니다.

6. 테루모트 Terumoth '제사장들에게 드려지는 것' 약자는 Ter.

하나님 앞에 봉헌하여 드리는 예물(민수기 18:8-12)에 관한 규례를 다루고 있으며 11장으로 이루어지며 게마라는 팔레스타인 탈무드에 있습니다.

7. 마아세로트 Maaseroth '십일조' 약자는 Mass.

레위인들에게 드려지는 십일조(레위기 27:30-33;민수기 28:21-24)에 관한 규례를 다루고 있으며 5장으로 이루어지며 게마라는 팔레스타인 탈무드에 있습니다.

8. 마아세르 쉐니 Maaser Sheni '제2의 십일조' 약자는 M. Sh.

신명기 14:22-26절에 기초를 둔 규례로서 처음 십일조는 제사장에게 그리고 두 번째 십일조는 예루살렘 성전을 위하여 드려지는 것을 규정하고 있으며 5장으로 이루어지며 게마라는 팔레스타인 탈무드에 있습니다.

9. 할라 Challah '빵과 가루반죽' 약자는 Hall.

민수기 15:21에 따라서 제사장에게 드려지는 빵과 가루반죽에 관한 규례이며 4장으로 구성되며 게마라는 팔레스타인 탈무드에 있습니다.

10. 오르라 Orlah '할례 받지 못한 사람' 약자는 Orl.

처음 4년 동안 경작한 나무의 열매(레위기 19:23-25)에 관한 규례이며 3장으로 이루어지며 게마라는 팔레스타인 탈무드에 있습니다.

11. 비쿠림 Bikkurim '첫 열매' 약자는 Bikk.

성전에 드려지는 첫 열매(신명기 26:1-11)에 관한 규례이며 3장으로 이루어지며 게마라는 팔레스타인 탈무드에 있습니다.

II. 모에드 (מוֹעֵד : 절기)

미쉬나의 두 번째 부분으로 하나님을 믿고 따르는 하나님의 백성들이 원리를 따라 살며 지켜야 하는 절기에 관해 가르치는 책들로 12주제를 다루고 있습니다.

1. 샤바트 Shabbath '안식일' 약자는 Shab.

안식일을 어떻게 지켜야 하는지에 관한 규례로서 안식일에 하면 안 되는 일을 규정하고 있으며 24장으로 이루어지며 게마라는 팔레스타인 탈무드와 바벨론 탈무드에 모두 있습니다.

2. 에루빈 Erubin '안식일의 경계선' 약자는 Erub.

안식일 규범으로 야기되는 기술적인 문제, 즉 안식일에 넘지 말아야할 경계선에 관한 규범과 그것의 범위를 어떻게 확장하여 갈 것인지를 다루는 규범이며 10장으로 이루어지며 게마라는 팔레스타인 탈무드와 바벨론 탈무드에 모두 있습니다.

3. 페싸힘 Pesachim '유월절' 약자는 Pes.

유월절 축제에 관한 규례로서 10장으로 구성되며 게마라는 팔레스타인 탈무드와 바벨론 탈무드에 모두 있습니다.

4. 쉐칼림 Shekalim '세겔'. 약자는 Shek.

매년 성전에 드리는 세금 규례(출애굽기 30:12-16)를 다루고 있으며 8장으로 이루어지며 게마라는 팔레스타인 탈무드에 있습니다.

5. 요마 Yoma '날' 약자는 Yom.

속죄일의 의식(레위기 16:3-34)에 관한 규례이며 8장으로 이루어지며 게마라는 팔레스타인 탈무드와 바벨론 탈무드에 모두 있습니다.

6. 쑤카 Sukkah '초막' 약자는 Sukk.

성막에서 축제일(레위기 23:3절 이하)을 지키는 것에 관한 규례이며 초막절에 관한 내용이 많이 있으며 5장으로 이루어지며 게마라는 팔레스타인 탈무드와 바벨론 탈무드에 모두 있습니다.

7. 베짜 Betzah '달걀', '욤 토브 축제일' 약자는 Betz.

출애굽기 12:16절에 따라 각각의 절기에 어떤 일은 허용되며 어떤 일은 금지되는지에 관한 규례이며 5장으로 이루어지며 게마라는 팔레스타인 탈무드와 바벨론 탈무드에 모두 있습니다.

8. 로쉬 하샤나 Rosh Hashanah '새해 설날' 약자는 R.Sh.

신년을 맞이하는 설날을 지키는 규례이며 4장으로 이루어지며 게마라는 팔레스타인 탈무드와 바벨론 탈무드에 모두 있습니다.

9. 타니트 Taanith '금식' 약자는 Taan.

공적인 금식에 관한 규례로 언제 금식하여야 하는가? 등에 관한 규범이며 4장으로 이루어지며 게마라는 팔레스타인 탈무드와 바벨론 탈무드에 모두 있습니다.

10. 므길라 Megillah '두루마리' 약자는 Meg.

부림절(에스더 9:28)이 무엇이며 어떻게 지키는 절기인지 가르치며 부림절에 에스더의 공적을 묵상하는 것에 관한 것을 기록하고 있으며 4장으로 이루어지며 게마라는 팔레스타인 탈무드와 바벨론 탈무드에 모두 있습니다.

11. 모에드 카탄 Moed Katan '소 축제일', '절기사이에 끼인 절기' 약자는 M. Qat.

유월절과 초막절 사이에 있는 절기를 지키는 것에 관한 규례이며 3장으로 이루어지며 게마라는 팔레스타인 탈무드와 바벨론 탈무드에 모두 있습니다.

12. 하기가 Chagigah '축제예물' 약자는 Hag.

3대 중요 순례절기인 유월절, 추수절, 초막절(신명기 16:16절 이하)에 드리는 개인적인 예물에 관한 규정이며 3장으로 이루어지며 게마라는 팔레스타인 탈무드와 바벨론 탈무드에 모두 있습니다.

III. 나쉼(נשים : 여인들)

미쉬나의 세 번째 부분으로 가정을 이루는 구성원 가운데 특히 여인에 관한 규례를 다루고 있습니다. 즉 결혼, 이혼 그리고 결혼함에 있어서 지켜야하는 의무와 권리에 관하여 다루는 규범으로 일곱 주제를 다루고 있습니다.

1. 예바모트 Yebamoth '수혼 제도' 약자는 Yeb.

자녀를 두지 않고 형님이 사망한 경우 형수와 결혼하는 문제는 다루고 있으며(신명기 25:5) 또한 어느 때 어떤 결혼이 금지되는지에 관한 규범(레위기 18장)을 다루고 있습니다.

예바모트는 16장으로 이루어지며 게마라는 팔레스타인 탈무드와 바벨론 탈무드에 모두 있습니다.

2. 커투보트 Ketubot '혼인 절차 문서' 약자는 Ket.

신부 · 결혼 지참금과 부부의 재산 명시에 관한

규범을 다루고 있으며 13장으로 이루어지며 게마라는 팔레스타인 탈무드와 바벨론 탈무드에 모두 있습니다.

3. 너다림 Nedarim '서약들' 약자는 Ned.

혼인 서약이나 혼인 무효에 관한 규례이며 특히 여인들과 관련된 규범들(민수기 30:3절 이하)입니다. 너다림은 11장으로 이루어지며 게마라는 팔레스타인 탈무드와 바벨론 탈무드에 모두 있습니다.

4. 나지르 Nazir '나실인' 약자는 Naz.

민수기 6장에 근거하여 나실인이 되겠다는 서약에 관한 규범이며 9장으로 이루어지며 게마라는 팔레스타인 탈무드와 바벨론 탈무드에 모두 있습니다.

5. 쏘타 Sotah '간음죄' 약자는 Sot.

민수기 5:12-31절에 따라 간음이 의심되는 여인에 대하여 사실을 밝히는 절차에 관한 규정이며 9장으로 이루어지며 게마라는 팔레스타인 탈무드와 바벨론 탈무드에 모두 있습니다.

6. 기틴 Gittin '이혼' 약자는 Git.

신명기 24장 1절 이하에 근거한 혼인 무효에 관한 규례를 다루며 9장으로 이루어지며 게마라는 팔레스타인 탈무드와 바벨론 탈무드 모두에 있습니다.

7. 키두쉰 Kiddushin '깨끗함', '정결' 약자는 Kidd.

혼인이 성립되었을 때의 지위와 상태에 관한 규범이며 4장으로 이루어지며 게마라는 팔레스타인 탈무드와 바벨론 탈무드에 모두 있습니다.

IV. 너지킨(נזיקין : 피해자에게 배상 청구권이 생기는 법률 행위)

미쉬나의 네 번째 부분으로 피해자가 배상 청구권을 가지게 되는 법률에 관한 내용을 다루고 있습니다. 하나님의 백성들이 원리를 따라 살 때 타인으로부터 오는 손실에 대하여 배상 청구권을 어떻게 행사할 수 있는지를 규정합니다. 그러므로 이 부분은 민법, 형법과 손해 배상에 관한 재판 법규라 할 수 있으며 10 가지 주제로 나누어 다루고 있습니다.

1. 바바 카마 Baba Kamma '첫째 단계', '첫째 문' 약자는 B. K.

재산 피해와 상해를 입은 것에 관하여 다루며 어떻게 치료해야 하며 배상해야 하는지에 관한 규범(출애굽기 21:28-37; 22:1-5)이며 10장으로 이루어지며 게마라는 팔레스타인 탈무드와 바벨론 탈무드에 모두 있습니다.

2. 바바 메찌아 Baba Metzia '중간 단계', '가운데 문' 약자는 B. M.

주운 물건과 보석(신명기 22:1-4)에 관한 규정, 물건을 사고파는 것에 관한 규정(레위기 25:35-37)과 빌리는 것에 관한 규정(출애굽기 22:24-26; 레위기 25:35-37) 그리고 고용에 관한 규법을 다루고 있습니다. 바바 메찌아는 10장으로 이루어지며 게마라는 팔레스타인 탈무드와 바벨론 탈무드에 모두 있습니다.

3. 바바 바트라 Baba Batra '마지막 단계', '마지막 문' 약자는 B. B.

대부분 전통적인 규범을 따르는데 부동산과 상속 문제(민수기 27:7-11)에 관한 규범을 다루고 있습니다. 마지막 문은 10장으로 이루어지며 게마라는 팔레스타인 탈무드와 바벨론 탈무드에 모두 있습니다.

4. 산헤드린 Sanhedrin '법정', '공의회' 약자는 Sanh.

법정과 재판절차에 관한 규범과 중범죄에 관한 규정을 다루고 있으며 11장으로 이루어지며 역시 팔레스타인 탈무드와 바벨론 탈무드 모두에 있습니다.

5. 마코트 Makkot '매질' 약자는 Makk.

거짓 증거와 거짓 증거로 인한 처벌에 관한 규정을 다루고 있습니다(신명기 19:16-19). 그리고 도피성에 관한 규정(민수기 35:10-32)과 채찍으로 벌하는 범죄(신명기 25:1-3)에 관한 규범을 다루고 있습니다. 그리고 마코트는 3장으로 이루어지며 게마라는 팔레스타인 탈무드와 바벨론 탈무드에 모두 있습니다.

6. 쉐브오트 Shebuot '맹세들' 약자는 Sheb.

개인적으로 또는 법정에서 하는 다양한 맹세(레

위기 5:4-5, 21, 22; 출애굽기 22:6-10)에 관한 규범을 다루고 있으며 8장으로 이루어지며 게마라는 팔레스타인 탈무드와 바벨론 탈무드에 모두 있습니다.

7. 에두요트 Eduyyot '증거' 약자는 Eudy.

권위 있고 훌륭한 랍비들이 증거로부터 모아진 전통적인 법과 결정들의 모음으로 8장으로 이루어지며 게마라는 없습니다.

8. 아보다 자라 Aboda Zara '우상 숭배' 약자 A. Z.

우상 숭배와 우상 숭배자와 관계된 법을 다루고 있으며 5장으로 이루어지며 게마라는 팔레스타인 탈무드와 바벨론 탈무드에 모두 있습니다.

8. 피르케 아보트 Pirke Abot '조상들의 잠언' 약자는 Abo.

미쉬나 선생님들이 좋아하는 잠언을 수집하여

모은 윤리적인 가르침으로 5장으로 이루어지며 '토라의 책에 랍비 메이르의 장이라고 불리어지는 부록이 있습니다. 그리고 미쉬나는 대부분 할라카인데 아보트는 미쉬나 가운데 유일한 아가다입니다.

10. 호레이요트 Horayoth '법적 결정들' 약자는 Hor.

종교적 권위로 말미암아 잘못된 결정을 내리게 된 후 그 그릇된 결정으로 인하여 발생하는 영향력과 결과를 다루는 규범입니다. 레위기 4장과 5장을 연구하시기 바랍니다. 호레이요트는 3장으로 이루어지며 게마라는 팔레스타인 탈무드와 바벨론 탈무드에 모두 있습니다.

V. 코다쉼(קדשים : 거룩한 일들)

미쉬나의 다섯 번째 부분으로 거룩한 일들에 관하여 가르치고 있습니다. 코다쉼은 성물에 관한 규범과 성전의식 즉 제사법과 제사에 관한 규범들을 다루고 있으며 11가지 주제로 나누어 설명하고 있습니다.

1. 제바힘 Zebachim '희생 제물' 약자는 Zeb.

성전에서 드리는 제사 방법과 동물을 희생 제물로 드리는 것에 관한 규범(레위기 4, 5장)을 다루고 있으며 14장으로 이루어지며 게마라는 바벨론 탈무드에만 있습니다.

2. 므나호트 Menachoth '곡식 예물' 약자는 Men.

음식으로 드리는 제사, 즉 먹고 마시는 것으로 제물을 삼아 드리는 제물에 관한 규범(레위기 2장)을 다루고 있으며 13장으로 이루어지며 게마라는 바벨론 탈무드에만 있습니다.

3. 훌린 Chullin '신성 모독하는 일', '하나님을 욕되게 하는 일' 약자는 Hull.

동물을 제물로 드리는 경우에 제물을 살육하는 방법을 다루고 있으며 음식에 관한 규범을 다루고 있으며 12장으로 이루어지며 게마라는 바벨론 탈무드에만 있습니다.

4. 베호로트 Bechoroth '초태생', '맏배', '맏물' 약자는 Bek(h).

사람과 동물의 처음 난 것에 대한 규범(출애굽기 8:12-12; 민수기 18:15-17)으로 9장으로 이루어지며 게마라는 바벨론 탈무드에만 있습니다.

5. 아라힌 Arachin '평가들', '예상 값' 약자는 Arak.

서원으로 하나님께 드리기로 한 사람이나 물건

에 대하여 그 서원(레위기 27:2-27)으로부터 풀려나기 위하여 어느 정도의 값을 지불하여야 하는지를 다루는 규범으로 9장으로 이루어지며 게마라는 바벨론 탈무드에만 있습니다.

6. 트무라 Temurah '예물로 대치' 약자는 Tem.

서원으로 인하여 드려진 희생 제물을 다른 것으로 대치, 교환하는 것(레위기 27:10-27)에 관한 규범을 다루고 있으며 7장으로 이루어지며 게마라는 바벨론 탈무드에만 있습니다.

7. 케리토트 Keritoth '근절', '멸절' 약자는 Ker.

세상으로부터 근절되어야 하든지 아니면 멸절 당해야 하는 죄 항복을 다루며 희생을 드려 그 죄로부터 속함을 받는 것과 관련된 규범을 다루며 6장으로 이루어지며 게마라는 바벨론 탈무드에만 있습니다.

8. 메일라 Meilah '권리침해' 약자는 Meil.

성전에서 제사에 사용하는 도구들을 그릇되게 사용하여 신성 모독하거나 죄를 범하는 것(레위기 5:15-16)에 관한 규범으로 6장으로 이루어지며 게마라는 바벨론 탈무드에만 있습니다.

9. 타미드 Tamid '계속적인 예물', '항상 있는 예물' 약자는 Tam.

성전에서의 아침저녁으로 매일 행하는 제사 의식(출애굽기 29:38-41; 민수기 28:2-8)에 관한 규범으로 7장으로 이루어지며 게마라는 바벨론 탈무드에만 있습니다.

10. 미도트 Middoth '치수', '측량' 약자는 Midd.

성전의 뜰, 대문, 그리고 홀에 대한 측량과 제사장의 봉사에 관한 규범을 다루며 5장으로 이루어지며 게마라는 바벨론 탈무드에만 있습니다.

11. 키님 Kinnim '새 둥지' 약자는 Kim.

새들을 예물로 드리는 것(레위기 1:14; 5:7; 12:8)에 관한 규범으로 3장으로 이루어지며 게마라는 바벨론 탈무드에만 있습니다.

VI. 토하로트(טהרות : 청결)

미쉬나의 마지막 여섯 번째 부분으로 제의적으로 부정한 것과 정결에 관한 규례를 포함하고 있으며 12주제로 나누어져 있습니다.

1. 켈림 Kelim '용기', '제사용 그릇' 약자는 Kel.

제사에 필요한 그릇이나 도구 그리고 제사장이 입는 옷(레위기 11:33-55)이 제의적으로 부정하게 사용되어 욕되게 하는 경우를 다루고 있습니다. 켈림은 30장으로 이루어지며 게마라는 없습니다.

2. 오홀로트 Ohaloth '천막들', '장막들' 약자는 Oho.

시체가 있는 집에 함께 거하거나 시체를 운반하는 일을 통하여 제의적으로 부정하게 되는 것(민수기 19:14-15)에 관하여 다루고 있으며 18장으로 이루어지며 게마라는 없습니다.

3. 너가임 Negaim '역병들', '재앙들' 약자는 Neg.

문둥병(레위기 13, 14장)등 전염병으로 인한 재앙을 다루는 법이며 14장으로 이루어지며 게마라는 없습니다.

4. 파라 Parah '암소' 약자는 Par.

부정한 것을 순결하게 하기 위하여 황소의 재를 사용하는 것과 붉은 황소(민 19장)에 관한 규범으로 12장으로 이루어지며 게마라는 없습니다.

5. 트하로트 Teharoth '순결들', '정결들' 약자들 Toh.

해질 때까지 계속되는 부정에 대하여 완곡하게 다루는 규범으로 10장으로 이루어지며 게마라는 없습니다.

6. 미크바오트 Mikvaoth '목욕재계' 약자는 Mik.

제의적 정결을 위하여 닦는 데 사용하는 물을 담는 통(목욕을 위한 통)을 요구하는 것(레위기 15:2)에 관하여 다루고 있으며 10장으로 이루어지며 게마라는 없습니다.

7. 니다 Niddah '월경 기간의 부정' 약자는 Nidd.

월경 중인 여성들과 임신 중인 여성들의 부정(레위기 15:19-31)에 관하여 다루고 있으며 10장으로 이루어지며 게마라는 팔레스타인 탈무드와 바벨론 탈무드 모두에 있습니다.

8. 마흐쉬린 Machshirin '사전 준비' 약자는 Maksh.

액체가 부정하여 그것을 그릇에 담는 것을 통(레위기 11:34-38)하여 그릇이 부정하여 지는 것에 관하여 다루고 있으며 6장으로 이루어지며 게마라는 없습니다.

9. 자빔 Zabim '몸에서 나오는 액체로 인한 고통' 약자는 Zab.

육체로부터 나오는 액체나 육체적 문제로 인하여 발생하는 부정(레위기 15:2-18)을 다루고 있으며 5장으로 이루어지며 게마라는 없습니다.

10. 드불 욤 Tebul Yom '하루 동안 지속' 약자는 Teb. Y.

물로 씻어 제의적 요건으로는 정하게 되었으나 완전하게 정하게 되기까지는 해질 때까지 기다려야 된 것에 관한 규범을 다루고 있으며 4장으로 이루어지며 게마라는 없습니다.

11. 야다임 Yadayim '양손' 약자는 Yad

손들로 인한 부정과 손들의 정결에 관한 규범을 다루고 있으며 4장으로 이루어지며 게마라는 없습니다.

12. 우크찐 Uktzin '줄기들' 약자는 Uktz.

제의적 부정을 초래하는 열매의 줄기와 껍질에 관한 규정으로 3장으로 이루어지며 게마라는 없습니다.

Ⅶ. 미쉬나 이후에 나타난 외경

미쉬나 탈무드를 구성하는 본문의 주제로 선택된 63권의 책을 우리는 간략하게 살펴보았습니다. 외경이나 부록의 일종으로 탈무드와 관계가 있는 작은 책들이 있는데 모두 미쉬나의 63 주제와 같은 이름을 사용합니다. 이러한 것들을 작은 미쉬나 본문이라 부르기도 합니다. 몇 가지 종류만 간략하게 그 내용을 살펴보도록 하겠습니다.

1. 어느 정도 양이 많은 외경 7권

1. 아보트 드라비 나탄 Aboth d' Rabbi Nathan

윤리적 교훈을 담고 있는 미쉬나 '피르케 아보트'에 추가 설명이라고 볼 수 있는데 다양한 이야기로 미쉬나 본문의 이해를 돕기 위하여 설명을 확장하여 나갑니다. 비록 4세기의 탈무드 랍비였던 나탄이 설명한 것의 부록격인 내용을 포함하고 있을지라도 탈무드 후기에 속한 것으로 봅니다. 본문은 41장으로 구성되었습니다.

2. 쏘프림 Sopherim '학사들'

이것은 책 토라를 기록하는 것에 관한 규칙을 가지고 있으므로 마소라를 위하여 아주 중요한 책입니다. 그리고 안식일, 축제일 그리고 금식일에 드리는 예배에 관한 규칙을 가지고 있는 중요한 자료로 21장으로 나누어져 있습니다.

3. 에벨 라비티 Ebel Rabbathi '큰 애도의 슬픔'

장례식과 애도하는 관습과 법에 관한 규범을 다루고 있으며 14장으로 나누어져 있습니다.

4. 칼라 Kallah '신부'

아주 짧은 내용으로 구약 성경 오바댜와 마찬가지로 1장뿐인데 혼인 순결을 유지해야 하는 것에 관한 규범을 다루고 있습니다. 유대인에게는 중요한 책인데 왜냐하면 안식일을 신부로 여기기 때문입니다.

5. 테레크 에레쯔 라바 Derech Eretz Rabbah '일상적인 삶의 행위'

11장으로 이루어져 있는데 1장은 금지된 결혼 애 관하여 다루고 있으며 2장에서 11장까지는 윤리적, 사회적 그리고 종교적 삶에 관한 교훈을 가르치고 있습니다.

6. 데레크 에레쯔 주타 Derech Eretz Zuta '삶 가운데 필요한 사소한 규정'

이 세상에서 살 때 유용한 지혜의 격언과 선행 규례와 배움에 관한 규정을 다루고 있으며 10장으로 이루어져 있습니다.

7. 페렉 하-샬롬 Perek Ha-Shalom '샬롬에 관한 장'

진정한 샬롬이 무엇인지를 설명하는 규정으로 단지 한 장으로 되어 있습니다. 제목이 암시하는 것처럼 샬롬의 중요성을 가르치는 부분으로 샬롬은 평화, 평안 그 이상의 어떤 것임을 가르치는 중요한 부분입니다.

2. 다소 적은 양으로 구성된 외경 7권

1. 세페르 토라 Seper Torah '법령'

토라를 기록하는 것에 관하여 다루는 규정으로 5장으로 이루어져 있습니다.

2. 므주자 Mezuzah '메주자'

문설주에 붙이는 것으로 말씀이 들어 있는 조그만 상자입니다. 메주자에 관한 규정을 다루고 있으며 2장으로 이루어집니다.

3. 트필린 Tephillin '테필린'

하나님을 믿는 표시로 이마나 손에 붙이는 상자로 말씀이 들어 있습니다. 기도할 때 이것을 붙이는 규정을 다루고 있으며 한 장으로 되어 있습니다.

4. 찌지트 Tzizith '옷소매 끝의 술'

옷소매 끝에 다는 술에 관한 규정으로 역시 한

장으로 되어있으며 이것을 언제 어떻게 다는지에 관한 규정입니다.

5. 아바딤 Abadim '종들', '노예들'

유대인들의 종들에 관한 규정을 다루고 있으며 3장으로 이루어져 있습니다.

6. 쿠팀 Kuthim '사마리아인들'

유대교 법과 관련하여 사마리아인들이 예배하는 의식을 다루는 규정으로 2장으로 이루어져 있습니다.

7. 게림 Gerim '개종자들'

타 종교로부터 또는 무종교로부터 유대교로 개종하려면 어떻게 하여야 하는지에 관한 규정을 다루며 4장으로 이루어져 있습니다.